Hochsensibilität meistern –
Gelassenheit durch

Dein Wegweiser z
nachhaltigem Wohlbefi

Julia Siebert

JULIA SIEBERT

HOCH SENSIBILITÄT MEISTERN

Gelassenheit durch 60 Alltagsstrategien

RAST VERLAG

Inhalt

Vorwort

Hast du oft das Gefühl, dass du anders bist als die Menschen um dich herum? Nimmst du alles viel intensiver wahr? Fühlst du dich von deinen Emotionen oft überfordert?
Wenn du diesen Aussagen zustimmst, bist du wahrscheinlich hochsensibel. Herzlich willkommen, du bist hier genau richtig. Dieses Buch hilft dir, deine Hochsensibilität besser zu verstehen.

Durch deine Hochsensibilität nimmst du die Reize deiner Umgebung sehr intensiv wahr. Leider wird in unserer Gesellschaft Feinfühligkeit nicht gerade geschätzt. Hochsensible Menschen haben daher oft das Gefühl, dass sie „nicht richtig" sind, dass sie nicht den Ansprüchen der Gesellschaft genügen. Doch hochsensibel zu sein ist alles andere als eine Schwäche. Es ist eine Stärke, die du dir zunutze machen kannst. Mit diesem Buch will ich dich dabei unterstützen, einen Weg zu finden, wie du mit der Hochsensibilität umgehen und zu ihr stehen kannst. Es gibt dir praxisnahe Tipps, bestimmte Situationen in deinem Alltag mit mehr Leichtigkeit zu bewältigen. Und das ermöglicht es dir, deine Lebensqualität und dein seelisches Wohlbefinden deutlich zu erhöhen.

Im Mittelpunkt des Buches stehst du. Wenn du es komplett durcharbeitest, lernst du alles Wichtige zum Thema Hochsensibilität. Die Kapitel bauen aufeinander auf. Sowohl die wissenschaftlichen Erkenntnisse als auch die Alltagsstrategien illustriere ich mit kurzen Praxisbeispielen von betroffenen Personen, sodass die Themen sehr anschaulich für dich aufbereitet sind. Am besten markierst du dir die Alltagsstrategien, die du besonders hilfreich findest, um sie schnell nachschlagen zu können, wenn du sie brauchst.

Wir alle sind Individuen. Alltagsstrategien können für die eine Person sehr gut funktionieren, für die andere nicht. Bestimmt stößt du beim Lesen auf Alltagsstrategien, die dich direkt ansprechen. Höre auf dein Bauchgefühl und probiere sie für dich aus. Mein Ratschlag ist es, auch den anderen Tipps, die dir nicht sofort ins Auge fallen, eine Chance zu geben. Vielleicht funktionieren sie unerwartet gut für dich, wenn du sie ausprobierst.

Ich hoffe, du erkennst auf jeder Seite, wie viel Herzblut in dieses Buch geflossen ist. Ich freue mich, wenn du dich mit dem Buch auf eine Reise zu dir selbst begibst und dich dabei neu kennenlernst – deine Bedürfnisse, deine Stärken und deine besten Strategien! Das ist dein persönliches Abenteuer. Ich wünsche dir, dass du am Ende der Reise ganz entspannt mit den verschiedensten Herausforderungen des Alltags umgehst und viel zufriedener bist.

Ich wünsche dir alles Gute und viel Erfolg!

Alles, was du über die Hochsensibilität wissen musst

Im ersten Teil dieses Ratgebers tauchen wir in die Theorie zur Hochsensibilität ein. Du erfährst alles zum aktuellen Forschungsstand. Unter anderem widmen wir uns den Antworten auf folgende Fragen: Was ist Hochsensibilität? Bin ich hochsensibel? Ein Selbsttest gibt dir Klarheit. Welche psychischen Störungen gehen häufig mit Hochsensibilität einher?

Was bedeutet Hochsensibilität?

Der Begriff „Hochsensibilität" geht auf diese Anekdote zurück: Die US-amerikanische Psychologin Elaine Aron musste sich in den 1980er-Jahren einer Operation unterziehen. Diese Operation nahm Elaine Aron ungewöhnlich stark mit. Ihr behandelnder Arzt empfahl ihr schließlich, eine Psychotherapie in Anspruch zu nehmen. Das tat sie. Doch ihre Psychotherapeutin konnte keine gesicherte Diagnose stellen, und sie bezeichnete Elaine Aron in ihrem Abschlussbericht in Ermangelung eines anderen Befunds als „hochsensibel". Diese spontane Wortschöpfung legte den Grundstein für die Hochsensibilitätsforschung.

Doch es sollte noch knapp zehn Jahre dauern, bis sich Hochsensibilität zu einem anerkannten Forschungsfeld etablierte. In einem Fachartikel von 1997 definierte Elaine Aron zum ersten Mal eine „Highly Sensitive Person", also eine hochsensible Person. Ihre Untersuchungen basierten auf verschiedenen Fragebögen. Seitdem hat Elaine Aron einige Bücher zum Thema Hochsensibilität geschrieben, die als Standardwerke eingestuft werden, und etliche Studien durchgeführt. Sie gilt bis heute als Pionierin auf dem Gebiet.

Definition von Hochsensibilität

In Fachkreisen wird Hochsensibilität als Charaktereigenschaft bezeichnet. Menschen, die hochsensibel sind, nehmen äußere und innere Reize stärker wahr und reagieren oft mit Rückzug auf stressige Situationen.

Wie wir gelernt haben, ist die Hochsensibilität erst seit den 1990er-Jahren in dieser Form benannt und damit ein sehr junges Wissenschaftsgebiet. Aus dem Grund ist sie noch nicht ausreichend erforscht. Die Ursache der Hochsensibilität ist zum Beispiel noch nicht geklärt. Bei betroffenen Personen scheint eine spezielle Verarbeitung für Reize, sowohl innere als auch äußere, vorzuliegen. Aber bei der Frage nach dem Ort der Besonderheit tappt die Wissenschaft noch im Dunkeln. Liegt die Besonderheit im Gehirn, wo Reize mental eingeordnet und bewertet werden? Oder liegt sie direkt am Ort der Reizaufnahme, etwa an den Augen und den Ohren?

Auch die Frage, ob Hochsensibilität angeboren ist, kann man noch nicht eindeutig belegen. Es scheint schon bei Babys Besonderheiten bei der Reizverarbeitung zu geben. Das könnte darauf hindeuten, dass Hochsensibilität angeboren ist.

Ist Hochsensibilität heilbar?

„Wieder ein Arbeitstag geschafft. Heute musste Luisa einen Vortrag vor ihren Kollegen halten. Sie war vorher sehr nervös und hat das Gefühl, dass der Vortrag nicht gut gelaufen ist. Jetzt fühlt sie sich schlecht. Sie fragt sich, warum sie nicht so routiniert ist wie ihre Kollegen. Denen scheint das Halten von Vorträgen und Präsentationen so leicht zu fallen. Stimmt etwas nicht mit mir?, fragt sich Luisa. Und wünscht sich, dass sie so locker und eloquent wäre wie die Kollegen.“

Fakt ist, Hochsensibilität ist keine Charaktereigenschaft, die sich abtrainieren oder ablegen lässt. Aber man kann lernen, mit diesem Persönlichkeitsmerkmal besser klarzukommen. Schon kleine Veränderungen der Tagesgestaltung können dazu führen, dass der Alltag viel besser zu dir als hochsensible Person passt.

Die Hochsensibilität bringt auch einige klare Vorteile mit sich. Man ist auch den positiven Dingen im Leben gegenüber viel feinfühliger. Auch schöne Eindrücke wie die Sonnenstrahlen, die morgens durchs Fenster fallen, oder das Gezwitscher der Vögel im Wald und positive Gefühle wie Liebe, Freude und Stolz empfinden Betroffene sehr stark. Ein gutes Rezept ist es daher, sich diese positiven Seiten der Hochsensibilität bewusst zu machen, sie wertzuschätzen und gleichzeitig Strategien zu entwickeln, mit Dingen umzugehen, die einen überfordern.

Und noch etwas: Hochsensibilität ist eine von vielen Facetten unserer bunten Gesellschaft. Es ist eine Besonderheit, zu der man stolz stehen kann. Erkenne deine Stärken. Und lege den Wunsch ab, deine Hochsensibilität zu unterdrücken!
Es gibt in der Literatur einen schönen Vergleich: Hochsensible Menschen sind wie Orchideen. Anspruchsvoll – aber mit der richtigen Pflege wachsen sie, blühen auf und werden zu den schönsten Pflanzen.

Empfinden alle Hochsensiblen gleich?

Es gibt nicht DEN einen typischen hochsensiblen Menschen. Studien haben gezeigt, dass es drei Ausprägungen von Hochsensibilität gibt. Sie können stark oder schwach ausgeprägt sein und sich zudem überlappen.

Ästhetische Sensitivität
Menschen, die diese Facette zeigen, sind sehr empfindsam für Schönheit und Tiefsinn. Meist können sie feinste Duft- und Geschmacksnoten wahrnehmen und bemerken schon die kleinsten Veränderungen in ihrer Umgebung. Zudem sind sie oftmals tief beeindruckt von Kunst, Musik oder Landschaften.

Niedrige Reizschwelle
Hochsensiblen Menschen, die diese Facette zeigen, ist schnell alles zu viel. Durch die niedrige Reizschwelle nehmen sie Eindrücke sehr intensiv wahr. Schon ein kratziger Wollpullover kann dazu führen, dass sie sich sehr unwohl fühlen.

Leichte Erregbarkeit
Menschen mit dieser Facette der Hochsensibilität sind leicht erregbar. Sie leiden schnell unter Stress. Zahlreiche Situationen können die Auslöser sein: eine zu laute Umgebung, ein Vortrag vor Kolleginnen oder Kunden, die miese Stimmung der Freundin.

Ist Hochsensibilität eine Krankheit?

Viele hochsensible Menschen hadern mit ihren Empfindungen. Schnell wird ihnen alles zu viel: zu viele Geräusche, zu viel Licht, zu viele Emotionen. Viele fragen sich, ob sie durch ihre Hochsensibilität krank sind. Die Antwort lautet: Nein! Hochsensibilität ist keine Krankheit, weder psychisch noch physisch. Hochsensibilität ist ein Persönlichkeitsmerkmal. Trotzdem lohnt es sich als betroffene Person sehr, das Thema ernst zu nehmen. Du hältst dieses Buch wahrscheinlich in den Händen, weil du mehr darüber lernen möchtest. Weil du Alltagsstrategien kennenlernen möchtest, die dich unterstützen, wenn du überfordert oder überreizt bist. Wenn du aber merkst, dass du noch mehr brauchst als das, dann scheue dich nicht, einen Arzt zu konsultieren.

Psychotherapeuten helfen dir auf dem Weg, die Ausprägung deiner Hochsensibilität zu erforschen und sie als Gabe zu erkennen. Denn das ist sie. Ich bin mir sicher, dass du mit passenden Alltagsstrategien deine Lebensbedingungen perfekt an dich anpassen kannst und du schon bald die Vorzüge der Hochsensibilität genießen kannst.

Ist Hochsensibilität nur ein Trend?

Hochsensibilität ist in aller Munde, und so fragen sich viele Menschen, die sich in den Symptomen wiedererkennen, ob sie hochsensibel sind. Gleichzeitig steckt das Forschungsgebiet Hochsensibilität noch in den Kinderschuhen. Das Gute: Je mehr Menschen sich mit diesem Thema auseinandersetzen, desto mehr Nachfrage entsteht in der Forschung. So steigt auch in den Wissenschaften das Interesse an dem Fachgebiet und sorgen für neue Erkenntnisse.

Warum ist Hochsensibilität in den Medien so präsent?

Unser Alltag wird immer hektischer. Im Laufe eines Tages sind wir unzähligen Reizen ausgesetzt. Sei es, wenn wir regelmäßig durch das Handy scrollen, Nachrichten, Filme und Serien sehen oder durch die Straßen unserer Stadt schlendern. Immer mehr Menschen kommen mit dieser Reizüberflutung nicht mehr klar und recherchieren ihre Überforderung, und so kann sich auch die Frage stellen, ob vielleicht Hochsensibilität dahintersteckt. Eine klare Trennung zwischen „normaler“ Sensibilität und Hochsensibilität ist schwierig, denn die Übergänge sind fließend.

Folgendes Beispiel macht den Unterschied deutlich:

Situation 1: „Jule ist mit ihrer Familie ans Meer gefahren. Sie geht mit ihrem Mann und ihren Kindern am Strand spazieren. Seit Monaten hat sie sich gewünscht, endlich wieder das Meer zu sehen. Sie verweilt für einen Moment am Strand und schaut aufs Meer. Sieht die Wellen kommen und gehen. Sie erfreut sich an diesem Augenblick und geht dann mit ihrer Familie weiter."

Situation 2: „Lisa fährt mit ihrer Familie in den Urlaub. Sie beschließen, am Strand spazieren zu gehen. Darauf hat Lisa sich schon ewig gefreut und schon bei dem Gedanken ans Meer kommen ihr die Tränen. Sie gehen am Strand entlang und Lisa schaut aufs Meer. Sie nimmt alles ganz intensiv wahr. Hört das Rauschen, schmeckt das Salz und sie sieht die Wellen kommen und gehen. Sie ist wie in Trance. Tränen rinnen ihr übers Gesicht. Sie kann sich gar nicht von diesem Moment losreißen. Am liebsten würde sie für immer und ewig genau hier stehen und aufs Meer blicken."

Beide Frauen freuen sich sehr auf das Meer. Aber Jule wird beim Blick aufs Wasser nicht von so tiefen Glücksgefühlen überrollt wie Lisa. Lisa ist hochsensibel und ihre Emotionen gehen tiefer. Es kann auch sein, dass hochsensible Menschen eine kleine emotionale Verletzung als tiefen Schmerz empfinden. Manche versetzen sich so tief in andere Menschen, dass sie deren Gefühle spiegeln.

Wie sieht die aktuelle Forschungslage aus?

Wie wir bereits erfahren haben, ist die Forschungslage auf dem Gebiet der Hochsensibilität noch lange nicht ausreichend. Viele Studien gehen auf die Pionierin der Hochsensibilität zurück, auf

Elaine Aron. Doch da Hochsensibilität immer mehr und mehr in den Fokus rutscht, werden auch immer mehr Studien durchgeführt. An der Helmut-Schmidt-Universität in Hamburg beispielsweise werden zurzeit Forschungen zu den Eigenschaften der Hochsensibilität durchgeführt. Dabei wird bei den Probanden anhand der Herzratenvariabilität gemessen, wie schnell sie durch Testsituationen gereizt werden und wie lange sie brauchen, um sich wieder zu beruhigen.

Dennoch bleibt festzuhalten, dass die Forschungslage zu dem Thema Hochsensibilität noch sehr dünn ist. Das mag auch daran liegen, dass der Begriff kontrovers betrachtet wird. Wissenschaftler kritisieren, dass verschiedene Themen und Symptome, wie sensorische Überempfindlichkeit, emotionale Intensität und erhöhte Reizbarkeit, unter dem Begriff vermengt werden.

Wie viele Menschen sind von Hochsensibilität betroffen?

Schätzungen zufolge sind etwa 10 bis 30 Prozent der Menschen hochsensibel. Wie belastbar diese Zahlen sind oder ob die reale Zahl vielleicht viel höher liegt, lässt sich schwer beantworten, da die Forschung zur Hochsensibilität noch am Anfang steht.
Bei den Erhebungen zeigt sich, dass mehr Frauen als Männer hochsensibel sind. Das könnte ein Zeichen dafür sein, dass biologische Merkmale bei Hochsensibilität entscheidend sind. Ebenso schlüssig wäre es, dass erlernte Rollenbilder zu der unterschiedlichen Geschlechterverteilung führen. Männer lernen in unserer Gesellschaft, ihre Gefühle eher zu unterdrücken. Im veralteten, wenn auch noch nicht ganz ausgestorbenen „Idealbild“ eines Mannes hatte Sensibilität eher keinen Platz. Folglich wird auch hochsensibles Verhalten unterdrückt und möglichst versteckt.

Fazit: Hochsensibilität ist kein Trend oder Zeitgeist-Thema. Hochsensible Menschen hat es schon immer gegeben, auch schon vor der Etablierung des Begriffs in den 90er-Jahren. Dank digitalem Austausch, vor allem in sozialen Medien, beschäftigen sich immer mehr Menschen mit dem Thema und es erfährt dadurch die Aufmerksamkeit, die es verdient hat. Die wichtigsten Studien stammen von der Begründerin des Begriffs, Elaine Aron, selbst. Da sich viele Menschen eine Erklärung für ihr Verhalten wünschen, rückt die Hochsensibilität mehr und mehr in den Fokus der Öffentlichkeit. Dank dieser Nachfrage liegt der Bedarf an weiterer Forschung auf der Hand. Schon heute wird an immer mehr Universitäten auf dem Gebiet geforscht.

Selbsttest: Bin ich hochsensibel?

Kommen wir zu der Frage aller Fragen: Bin ich hochsensibel? Nach dem Lesen dieses Kapitels wirst du ein ganzes Stück weiter bei der Beantwortung dieser Frage sein.
In diesem Kapitel findest du 26 Fragen, die du mit Ja oder Nein beantwortest. Zur Verdeutlichung habe ich jeweils ein Fallbeispiel ergänzt.

Bei der Entwicklung der Fragen habe ich mich an dem bis dato wichtigsten Fragebogen für Hochsensibilität orientiert: „Highly Sensitive Person Scale“ von Elaine Aron. Sie entwickelte diesen Fragebogen bereits 1997 auf der Basis von Interviews mit Künstlern, die sich als besonders empfindsam einschätzten.

Die Auswertung ist sehr einfach: Je mehr Fragen du mit „Ja“ beantwortest, desto höher ist die Wahrscheinlichkeit, dass du hochsensibel bist. Elaine Aron selbst nimmt an, dass man ab 14 Ja-Antworten relativ verlässlich als hochsensibel gilt. Aber ich möchte noch einmal betonen, dass die Übergänge zwischen „sensibel" und „hochsensibel" fließend sind. Es gibt keine klare Trennung.

Dieser Fragenkatalog kann dir einen ersten Anhaltspunkt für den Grad deiner Hochsensibilität geben. Höre bei der Beantwortung der Fragen auf dein Bauchgefühl und antworte intuitiv, ohne lange nachzudenken. In wie vielen Situationen findest du dich wieder?

Fragenkatalog zur Hochsensibilität

1. Lässt du dich häufig von starken Sinneseindrücken überwältigen?
Beispiel: Du gehst im Wald spazieren. Die Sonne bahnt sich ihren Weg durch die Bäume und du siehst die einzelnen Sonnenstrahlen, wie sie auf den Boden fallen. Du bist vollkommen fasziniert und magst dich gar nicht aus der Situation lösen.

2. Nimmst du in deiner Umgebung viele kleine Feinheiten wahr?
Beispiel: Du bist auf dem Weg zu deinem Lieblingscafé in der Stadt. Auf dem Weg dorthin fällt dir auf, dass an der Straßenecke die ersten Krokusse wachsen. Sie sind noch ganz jung und nur ihre Knospen sind schon zu sehen. Du freust dich, dass jetzt der Frühling nicht mehr fern ist.

3. Nimmst du die Stimmungen anderer Menschen intensiv wahr?
Beispiel: Du triffst dich mit deiner besten Freundin in einem Café. Du merkst sofort, dass es ihr heute nicht gut geht. Woran du das festmachst? Das weißt du auch nicht so genau, es sind feine Nuancen im Verhalten deiner Freundin, die dir zeigen, dass sie traurig ist. Auf deine Nachfrage hin bestätigt sich, dass sie unglücklich ist. Ihr geliebtes Haustier ist gestorben.

4. Bist du schmerzempfindlicher als andere Menschen in deiner Umgebung?
Beispiel: Dein Partner ist letztens mit dem Fahrrad gestürzt und hat sich die Knie aufgeschlagen. Er berichtet, dass er sich das kurz angeschaut hat und dann wieder aufs Rad gestiegen ist. Dir ist das vor ein paar Monaten auch passiert. Du hast danach aber einen solchen Schmerz empfunden, dass du deinen Partner gebeten hast, er möge dich und das Fahrrad bitte einsammeln. Du fragst dich, warum du so viel schmerzempfindlicher bist als dein Partner.

5. Du hast einen wirklich anstrengenden Tag hinter dir. Sehnst du dich nach stressigen Tagen danach, nur noch in einem stillen und dunklen Raum zu sitzen, in dem es keine Reize mehr gibt?
Beispiel: Du hast heute im Büro Überstunden machen müssen – das dritte Mal diese Woche. Auch, weil deine Kollegin heute ihren Geburtstag gefeiert hat. Alle deine Kolleginnen und Kollegen sind zusammengekommen. Da dein Auto defekt ist, musst du momentan mit den Öffentlichen fahren. Und auf dem Heimweg war die U-Bahn besonders voll. Du kommst nach Hause und merkst, dass dir alles zu viel ist. Du möchtest dich eigentlich am liebsten in dein Bett verkriechen, in totaler Dunkelheit. Selbst das Sonnenlicht ist dir gerade zu viel.

6. Reagierst du auf Koffein sehr sensibel?
Beispiel: Deine Schwester kann ohne Koffein gar nicht leben. Wenn du sie siehst, hat sie immer eine Tasse mit heißem Kaffee in der Hand. Sie trinkt an die fünf Tassen pro Tag. Auch dir schmeckt Kaffee, aber du merkst schon nach einer Tasse, wie dein Körper auf das Koffein reagiert.

7. Bist du schnell überwältigt von Dingen wie hellem Licht, Sirenen oder extremen Gerüchen?
Beispiel: Du bist auf dem Weg zur Arbeit und stehst gerade an einer Ampel. Plötzlich hörst du die Sirenen eines Krankenwagens. Er ist noch weiter weg, aber du bist jetzt schon mit der Situation überfordert. Es ist dir in diesem Moment alles zu viel. Du bleibst stehen, bis die Sirenen nicht mehr zu hören sind. Erst dann sammelst du dich und gehst über die Straße.

8. Denkst du manchmal, dass dein Innenleben ganz schön komplex ist?
Beispiel: Manchmal beneidest du deine Kollegin. Sie geht durchs Leben und macht sich keine großen Gedanken. Du hingegen grübelst stundenlang über dies oder das. Manchmal hast du das Gefühl, dass dein Innenleben ganz schön komplex ist, fast schon überfordernd komplex.

9. Fühlst du dich tief berührt, wenn du Musik hörst oder wenn du Kunst betrachtest?
Beispiel: Du gehst mit einer Freundin in eine Kunstausstellung. Deine Freundin ist zwar begeistert von den Kunstwerken, aber sie empfindet beim Anblick der Bilder augenscheinlich nicht annähernd das, was du empfindest. Sie ging recht schnell durch die Ausstellungsräume, während du am liebsten lange vor jedem einzelnen Bild gestanden hättest, um es genau zu betrachten. Bei manchen warst du so tief gerührt, dass dir Tränen in die Augen stiegen. Du beschließt, das nächste Mal allein in eine Kunstausstellung zu gehen.

10. Kommst du mit lauten Geräuschen nicht gut klar?
Beispiel: In deinem Wohnhaus sind neue Nachbarn eingezogen.

Wie das bei einem Einzug so ist, werkeln sie in ihrer Wohnung. Momentan scheinen sie Laminat zu verlegen … Das glaubst du, weil du definitiv eine laute Säge hörst. Du verstehst ja, dass ein Einzug erst einmal Krach macht, aber es ist dir zu viel. Du überlegst sogar, ob du für ein paar Tage zu deinen Eltern gehen sollst. Dort ist es deutlich leiser.

11. Bist du manchmal so überreizt, dass du dich einer Situation sofort entziehen musst?
Beispiel: Du bist mit deiner Familie zu einem Geburtstag bei Bekannten eingeladen. Die Feier findet im Garten statt und du weißt, die Party geht bis tief in die Nacht. Als ihr ankommt, spielt schon laut Musik. Es wird gegrillt und es gibt Cocktails. Dazu triffst du auf viele neue Menschen, die du nicht kennst. Irgendwann im Laufe des Abends merkst du, dass du überreizt bist. Du hast das dringende Bedürfnis, sofort zu verschwinden. Du sagst deinem Mann, dass du schnell nach Hause möchtest. Zum Glück kennt er dich sehr genau und weiß, dass du gute Gründe hast, um die Feier vorzeitig zu verlassen.

12. Bist du in allen Dingen sehr gewissenhaft?
Beispiel: Du brauchst für deine Arbeit häufig länger als deine Kollegen. Warum? Du kontrollierst wieder und wieder, ob wirklich alles korrekt ist, und verlierst dich auch mal in Details. Du möchtest alles richtig machen und bist sehr gewissenhaft in dem, was du tust.

13. Bist du leicht zu erschrecken?
Beispiel: Du gehst joggen. Deine Joggingstrecke führt an einer viel befahrenen Straße vorbei. Plötzlich hupt ein Auto direkt neben dir, und du schreckst zusammen. Im Wagen erkennst du

eine Nachbarin, die dir zum Gruß zuwinkt. Du winkst zwar zurück, aber bist nach dem Schreck für einen Moment komplett überfordert.

14. Wirst du schnell hibbelig, wenn du viel zu tun hast und nicht viel Zeit?
Beispiel: Du arbeitest als Texterin. Du sitzt gerade an einem Auftrag. Du musst noch 5000 Wörter schreiben – und das in zwei Tagen. Wie sollst du das schaffen? Du spürst eine nervöse Unruhe in dir.

15. Hast du das Talent, es anderen Menschen so angenehm wie nur möglich zu machen?
Beispiel: Du hast ein paar Freundinnen zu deinem Geburtstag eingeladen. Du merkst, dass zwei deiner Freundinnen nicht sehr viel miteinander anfangen können. Du änderst spontan die Sitzordnung, damit sie nicht nebeneinandersitzen, und platzierst sie neben Freundinnen, mit denen sie sich besser verstehen.

16. Bist du total genervt, wenn man dir zu viel auf einmal zumutet?
Beispiel: Du arbeitest im Homeoffice. Dein Mann, der nicht von zu Hause arbeitet, ist der Meinung, das sei Grund genug, um dir auch den kompletten Haushalt überzustülpen. Da er am Wochenende einen Kollegen zum Essen eingeladen hat, soll die Wohnung ordentlich und sauber sein und du auch etwas Besonderes kochen. Dir ist das definitiv zu viel, du bist nur noch genervt.

17. Machst du ungern Fehler?
Beispiel: Fehler zu machen, ist menschlich. Kein Mensch ist perfekt. Das weißt du. Dennoch hasst du es, selbst Fehler zu machen! Andere lachen darüber, wenn sie beispielsweise den gemeinsamen

Hochzeitstag vergessen. Du hingegen bekommst das Grauen, wenn du nur daran denkst, du könntest etwas vergessen. Daher machst du dir To-do-Listen, auf denen du erledigte Aufgaben abhaken kannst.

18. Gewalttätige Filme und Serien kannst du nicht sehen?
Beispiel: Mit deinem Partner willst du heute einen gemütlichen Abend vor dem Fernseher verbringen. Fehlt nur noch der passende Film. Ihr braucht ewig, bis ihr euch auf einen Film einigen könnt: Dein Partner liebt es besonders blutrünstig. Du hingegen willst Filme ab 16 Jahren eigentlich nicht einmal in die engere Auswahl nehmen.

19. Fühlst du dich überreizt, wenn um dich herum viel los ist?
Beispiel: Du sehnst dich danach, einen Tag am Meer zu verbringen. Schon allein der Gedanke macht dich glücklich. Du beschließt, am Wochenende nach Warnemünde zu fahren. Dort angekommen, setzt du dich an den Strand und schaust aufs Meer. Außer dir sind aber noch Hunderte anderer Menschen am Strand. Das hattest du nicht bedacht. Du möchtest eigentlich nur aufs Meer starren, aber ständig läuft dir jemand durch deine Sicht. Dazu die Hunde und Möwen, die am Strand herumwuseln. Du merkst eine innere Unruhe. Das hast du dir anders vorgestellt, eigentlich möchtest du nur noch nach Hause.

20. Hältst du Hunger kaum aus?
Beispiel: Du hast morgens verschlafen und bist ohne Frühstück ins Büro gefahren. Da du am Vormittag durch ein Meeting nach dem anderen hetzt, kommst du nicht dazu, etwas zu essen. Du hast Hunger. So großen Hunger, dass du dich kaum auf die Meetings konzentrieren kannst und zudem übellaunig bist.

21. Wühlen Veränderungen in deinem Leben dich stark auf?
Beispiel: Dein Sohn hat das Abitur in der Tasche. Jetzt steht ihm die Welt offen. Er entscheidet sich für ein duales Studium. Für die Praxisphase wohnt er noch zu Hause bei dir. Aber für die theoretische Phase muss er in eine andere Stadt in 250 Kilometer Entfernung. Du merkst, wie dich diese Veränderungen aufwühlen. Du bist extrem emotional. Du brauchst Wochen, um dich mit dieser Veränderung abzufinden.

22. Nimmst du auch dezente Gerüche oder leise Geräusche sehr intensiv wahr?
Beispiel: Du gehst mit deiner Partnerin eine Runde spazieren. Plötzlich hältst du inne und rufst: „Schatz, hörst du das? Wie schön!" Deine Partnerin hat keine Ahnung, wovon du sprichst, bis du ihr zeigst, dass in einem Garten ein Windspiel hängt, das zarte, klingende Geräusche verursacht.

23. Sind dir Menschenansammlungen unangenehm?
Beispiel: Du musst mit den öffentlichen Verkehrsmitteln zur Arbeit fahren, weil dein Auto in der Werkstatt ist. Auf dem Hinweg sind nicht sehr viele Menschen unterwegs und du bringst die Fahrt gut hinter dich. Aber der Rückweg ist für dich die Hölle. Schräg neben dir isst jemand seinen Döner, das stinkt. Der Mann neben dir trinkt geräuschvoll sein Bier. Ein Mädchen hört neben dir viel zu laut Musik. In der Bahn riecht es zudem unangenehm nach Schweiß und es ist so voll, dass du fürchtest, dass dir jemand seine Tasche ins Gesicht schlägt. Es ist viel zu viel los. Du fühlst dich mehr als unwohl und überlegst sogar, an der nächsten Haltestelle auszusteigen.

24. Versuchst du, aufregende Situationen so gut es geht zu vermeiden?
Beispiel: Du möchtest gern ins Fitnessstudio gehen. In der Stadt hat ein neues eröffnet, das sogar ein großes Schwimmbecken hat und eine Saunalandschaft. Du liebst es zu schwimmen. Und du möchtest gern etwas für deine Gesundheit tun. Aber du weißt genau, dass dir die vielen Leute und der Geräuschpegel dort zu viel sind. Du beschließt, die Idee fallen zu lassen.

25. Wirst du fahrig und nervös, wenn du im Mittelpunkt stehst?
Beispiel: Du sollst auf der Arbeit einen Vortrag halten. Du hast dich perfekt vorbereitet und kannst den Vortrag mittlerweile im Schlaf halten – denkst du. Dann stehst du vorn und spürst die Blicke deiner Kolleginnen und Kollegen und deiner Abteilungsleiterin auf dir. Alle schauen dich erwartungsvoll an. Du fühlst dich beobachtet und wirst sehr nervös. Zum Glück hast du dir Notizen gemacht. Obwohl du deinen Text eigentlich auswendig kannst, liest du ihn letztendlich mit zittriger Stimme vor. Du ärgerst dich, weil du eine Chance vertan hast zu zeigen, dass mehr in dir steckt.

26. Warst du als Kind schüchtern und sensibel?
Beispiel: Du bist beim Mittagessen bei deinen Eltern eingeladen. Wie so oft wird über die alten Zeiten gesprochen. Deine Mutter erzählt, dass du als Kind so schüchtern warst, dass du grundsätzlich nie mit anderen gesprochen hast. Du erinnerst dich daran, dass es dich große Überwindung gekostet hat, mit fremden Menschen zu sprechen.

Unabhängig von der Anzahl der Ja-Antworten ist es wichtig, dass du deine eigene Wahrnehmung und Empfindsamkeit ernst nimmst. Jeder Mensch ist einzigartig, und es gibt viele Wege, wie Hochsensibilität sich äußern kann.

Der hochsensible Mensch: Vom Baby zum Erwachsenen

Vieles deutet darauf hin, dass Hochsensibilität angeboren ist. Denn schon an Babys kann man hochsensibles Verhalten erkennen. Im Folgenden zeigen wir, woran man Hochsensibilität in den einzelnen Stufen der Entwicklung des Menschen ausmachen kann.

Das hochsensible Baby

„Marie ist erst vor Kurzem Mutter geworden. Sie ist gern unterwegs in der Stadt und nimmt ihr Baby überallhin mit. Wenn sie durch die Straßen der Großstadt schlendert, scheint ihr Baby sich alles mit großen Augen anzusehen. Nur wenn es dann am Abend schlafen soll, kommt es nicht zur Ruhe. Es schreit und schreit. Marie fällt auf, dass dies an Tagen, an denen sie nur zu Hause sind, anders ist. Dann hat sie scheinbar das entspannteste Baby der Welt."

Hochsensibilität lässt sich schon bei Babys beobachten. Wenn viele Reize auf sie einprasseln, kommen sie schwerer zur Ruhe und weinen viel. Weinen und Schreien sind die einzigen Möglichkeiten eines Babys, seine Bedürfnisse zu zeigen. Das bedeutet natürlich nicht, dass jedes Schreibaby ein hochsensibles Baby ist. Eltern entwickeln aber ziemlich schnell ein Gespür dafür, ob das Baby durch die Umweltreize stark beeinflusst wird. Beispielsweise wenn man nach einem Besuch bei Freunden merkt, dass es dem Baby schwerfällt, in den Schlaf zu finden.

Das hochsensible Kleinkind

„Es ist so weit. Katja kommt in den Kindergarten. Am Anfang steht immer die Eingewöhnungsphase, in der die Eltern Katja in der Kita

begleiten. Schnell stellen ihre Eltern fest, dass es Katja ungewöhnlich schwerfällt, sich an diese Umstellung zu gewöhnen. Sie spielt nicht mit den anderen Kindern, weint viel beim Abschied von den Eltern, verweigert den Mittagsschlaf und ist am Abend zu Hause so überreizt, dass sie kaum in den Schlaf findet. Und das, obwohl sie eigentlich erschöpft und müde sein müsste."

Hochsensibilität bei Kleinkindern ist schwierig eindeutig festzustellen. Zu dem Zwecke hat Elaine Aron einen Fragebogen entwickelt, der genau auf Kinder im Kita-Alter zugeschnitten ist. Auch diese Fragen können immer mit Ja oder Nein beantwortet werden. Schon eine einzige Ja-Antwort ist ein Hinweis darauf, dass das Kind eine höhere Sensitivität hat.

1. Leidet das Kind öfter über somatische Beschwerden wie zum Beispiel Kopfschmerzen oder Bauchschmerzen?
2. Fällt es dem Kind schwer, wieder zur Ruhe zu kommen, wenn es vielen Reizen ausgesetzt wurde?
3. Hat das Kind schon recht früh einen sehr großen Wortschatz?
4. Reagiert das Kind mit Rückzug oder Aggression nach großen Festen im Kindergarten?
5. Verweigert das Kind den Mittagsschlaf?
6. Spielt das Kind eher mit den älteren Kindern?
7. Liebt das Kind Musik?
8. Neigt das Kind zu intensiven Gefühlsausbrüchen?
9. Kommt das Kind schwer mit Veränderungen zurecht?
10. Möchte das Kind nur bestimmte Lebensmittel essen?
11. Ist dem Kind alles zu laut?
12. Hat das Kind ein sehr ausgeprägtes Ungerechtigkeitsempfinden?
13. Stellt das Kind Fragen über den Sinn des Lebens?

Das hochsensible Kind

„Felix ist eigentlich ein sehr guter Schüler. Auf seinem Zeugnis standen mehr Einsen als Zweien. Doch den Erdkundetest, den er letzte Woche geschrieben hat, hat er verhauen. Er war vollkommen unvorbereitet, weil er die Woche davor krank war und im Erdkundeunterricht gefehlt hatte. Er kassiert eine Fünf. Nun traut er sich kaum, diese Note seinen Eltern zu zeigen, und ist unendlich traurig. Und das nicht nur für den Moment: Noch drei Tage später schämt er sich und entschuldigt sich andauernd für seine schlechte Note bei seinen Eltern, denen Schulnoten gar nicht so wichtig sind. Für sie ist es vollkommen normal, auch mal eine schlechte Note mit nach Hause zu bringen!"

Die Schulzeit ist eine Herausforderung für hochsensible Kinder. Wenn hochsensible Kinder auffällig werden, steht in dieser Phase häufig die Diagnose „ADHS" (Aufmerksamkeitsdefizit-/Hyperaktivitätsstörung) im Raum. Allerdings gibt es einige elementare Unterschiede zwischen ADHS und Hochsensibilität. Kinder mit ADHS sind beispielsweise sehr impulsiv, hochsensible Kinder hingegen reagieren sehr überlegt.

Folgende Merkmale können auf ein hochsensibles Kind hindeuten:

- Das Kind hat Schwierigkeiten damit, vor der Klasse zu sprechen oder Vorträge zu halten. Es steht absolut nicht gern im Rampenlicht und fühlt sich beobachtet. Dadurch kann es sich nicht mehr so gut auf den Vortrag konzentrieren.
- Lehrer haben oft den Eindruck, dass das Kind nicht aufmerksam zuhört, da es auf Fragen nicht direkt antworten kann. Das liegt aber darin begründet, dass es länger über seine Antworten nachdenken möchte, und nicht an fehlender Aufmerksamkeit.

- Das Kind ist leicht ablenkbar, da es gedanklich während des Unterrichts abschweift. Dann denkt es über Emotionen oder über Themen nach und verliert den Anschluss.
- Gruppenarbeiten sind für das hochsensible Kind eine Herausforderung. Denn es braucht länger, um seine Gedanken zu ordnen. Das führt dazu, dass es innerhalb einer Gruppe oft nicht genug zum Zug kommt.
- Hochsensible Kinder haben nicht den Bewegungsdrang von normalen Kindern. Teamsportarten und Wettkämpfe sind überhaupt nichts für sie. Sie sind vor allem gut in den Sportarten, die sie allein für sich ausüben können.
- Wenn hochsensible Kinder eine schlechte Note mit nach Hause bringen, kann das emotional für sie sehr aufwühlend sein und sie noch lange beschäftigen.
- Hochsensible Kinder bestrafen sich selbst, wenn sie Fehler machen. Sie haben oft einen überhöhten Anspruch an sich und sind eher unzufrieden.
- Das hochsensible Kind ist sehr wissensdurstig.
- Hochsensible Kinder sind häufig gute Schüler, aber bei Leistungsdruck blockieren sie.
- Hochsensible Kinder hassen Lärm, sie nehmen Geräusche viel intensiver wahr.
- Innerhalb der Klasse zeigen sich hochsensible Kinder als pflegeleicht. Es kann aber durchaus vorkommen, dass das hochsensible Kind auffällig wird, wenn es ständig überreizt wird. In diesem Fall braucht das Kind ein Ventil, um seine Reizüberflutung abzubauen.
- Hochsensible Kinder können sich schwer entscheiden, sie müssen sehr lange über eine Entscheidung nachdenken. Sie wägen alle Vor- und Nachteile ab.
- Das hochsensible Kind kann Probleme mit seiner Kleidung

haben, empfindet Reißverschlüsse oder den Stoff als unangenehm.

Der hochsensible Teenager

„Jenny war eigentlich immer ein sehr offenes und fröhliches Wesen. Seit der Pubertät erkennen ihre Eltern sie nicht wieder. Manchmal haben sie das Gefühl, sie leben eigentlich nur noch in einer WG zusammen. Jenny zieht sich komplett zurück. Sie geht nach der Schule direkt in ihr Zimmer, um dort Musik zu hören, und kommt fast nur noch zu den Essenszeiten raus. Wenn die Familie denn mal zusammenkommt, endet das meist in Streitereien. Denn Jenny hat eine kurze Zündschnur. Manche Worte, und seien sie eigentlich noch so harmlos ausgesprochen, können Jenny zum Platzen bringen. Dann geht sie theatralisch aus dem Raum und knallt ihre Zimmertür hinter sich zu!"

Es sind die lieben Hormone, die vermutlich für (fast) jeden Teenager die Pubertät zur Qual machen. Bei Jungen beginnt der Körper, Testosteron zu bilden, bei Mädchen sind es Östrogene, Testosteron und Progesteron. Was verursachen diese Hormone?

Östrogene: Durch Östrogene, die weiblichen Geschlechtshormone, verändert sich der Körper, er wird weiblicher. Während der Pubertät ist das Hormon häufig im Ungleichgewicht. Das führt zu starken Stimmungsschwankungen. In einem Moment sieht man noch alles durch die rosarote Brille. Im nächsten Moment ist man traurig, wütend und leicht reizbar.

Progesteron: Dieses Sexualhormon spielt eine wichtige Rolle im weiblichen Körper und hat mehrere physiologische Funktionen. Progesteron hilft dabei, den Menstruationszyklus zu regulieren und die Gebärmutterschleimhaut für eine mögliche Schwangerschaft vorzubereiten. Es hat auch beruhigende Eigenschaften, die dazu beitragen können, Stress und Ängste zu reduzieren, was besonders für hochsensible Mädchen von Vorteil sein kann. Allerdings kann auch Progesteron im Ungleichgewicht sein. Ein Überschuss an Progesteron kann dazu führen, dass ein Mädchen sich oft müde fühlt und sich stärker zurückzieht. Generell kann ein hormonelles Ungleichgewicht dazu führen, dass Mädchen schneller weinen und gereizt sind.

Testosteron: Testosteron ist ein wichtiges Sexualhormon, das sowohl bei Männern als auch bei Frauen vorkommt, jedoch bei Männern in wesentlich höheren Konzentrationen. Es spielt eine zentrale Rolle bei der Entwicklung männlicher Geschlechtsmerkmale und der Aufrechterhaltung der männlichen Gesundheit. Bei Frauen ist es in geringeren Mengen vorhanden und trägt zur Muskel- und Knochengesundheit bei sowie zur Regulierung der Libido. Testosteron fördert das Wachstum von Muskelmasse und die Knochendichte, beeinflusst die Fettverteilung im Körper und unterstützt die Produktion roter Blutkörperchen. Es ist auch bekannt dafür, das Selbstbewusstsein und die Durchsetzungsfähigkeit zu steigern. Ein gesundes Testosteronlevel kann zu einem positiven Selbstbild und einer höheren Motivation führen.

Allerdings kann ein Ungleichgewicht in den Testosteronspiegeln negative Auswirkungen haben. Ein Überschuss an Testosteron kann zu erhöhter Aggression, Gereiztheit und impulsivem Verhalten führen. Bei Männern kann ein Mangel an Testosteron zu Symptomen wie Müdigkeit, Depression und einem Rückgang der Muskelmasse führen. Bei Frauen kann ein zu hoher Testosteronspiegel zu Symptomen wie Akne, verstärktem Haarwuchs und Stimmveränderungen führen.

Die Pubertät ist für die allermeisten Jugendlichen (und Eltern) eine stressige Zeit. Hochsensible Teenager empfinden diese Zeit aber noch intensiver. Viele wissen oder ahnen zu diesem Zeitpunkt bereits, dass sie anders sind als ihre Mitmenschen. Wenn die Hormone dann verrückt spielen, kann das dazu führen, dass sie sich stark zurückziehen und noch mehr Ruhe und Zeit für sich brauchen. Auch das Schlafbedürfnis ist stark erhöht. Viele hochsensible Teenager stellen sich während der Pubertät Fragen nach dem Sinn des Lebens oder nach der eigenen Identität. Eltern können in dieser Zeit das Gefühl bekommen, dass ihr Kind extrem launisch und durchweg gereizt ist.

Der hochsensible Erwachsene

„Vorweihnachtszeit. Thorsten und seine Familie haben sich als kleine Weihnachtstradition lustige Weihnachtspullis gekauft, die sie an den Weihnachtstagen tragen wollen. Als Thorsten seinen Pullover überzieht, bemerkt er sofort, dass das nicht funktionieren wird. Das Material des Pullovers kratzt an seiner Haut. Auch der Versuch, ein T-Shirt unter dem Pullover zu tragen, geht nach hinten los. Es kratzt immer noch und dazu ist ihm jetzt noch viel zu warm. Er tut ihm leid, dass er den Spaß seiner Familie nicht mitmachen kann, aber er kann diesen Weihnachtspullover beim besten Willen nicht tragen."

Wenn man zu Symptomen von Hochsensibilität bei Erwachsenen recherchiert, stößt man auf lange Listen möglicher Anzeichen. Alle hier aufzuzählen, würde den Rahmen dieses Ratgebers sprengen. Ich habe aus Hunderten von Symptomen die zehn eindeutigsten herausgesucht, die für einen hochsensiblen Erwachsenen sprechen können. Der bereits vorgestellte Selbsttest von Elaine Aron ist aber der verlässlichste Anhaltspunkt, um seine Hochsensibilität zu erkennen.

1. Empfindlichkeit bei Kleidung. Kratzende Materialien, einengende Schnitte und Etiketten sind dir unangenehm.
2. Du hast einen Hang zum Perfektionismus, Fehler versuchst du durch gute Vorbereitung, Planung und Kontrolle zu vermeiden.
3. Du bist oft mit dem Alltag überfordert und oft müde und erschöpft.
4. Große Menschenansammlungen vermeidest du, weil sie dich schnell überfordern.
5. Du vermeidest Situationen, von denen du denkst, sie könnten dir zu viel werden.
6. Du fühlst intensiver als deine Mitmenschen, sowohl negative als auch positive Gefühle.
7. Du hast eine hervorragende Intuition.
8. Schlechte Nachrichten, die du liest oder im Fernsehen siehst, lassen dich nicht los und beschäftigen dich lange.
9. Du bist nah am Wasser gebaut und weinst leicht.
10. Du grübelst viel und machst dir viele Gedanken und Sorgen.

Gibt es einen Zusammenhang zwischen Hochsensibilität und psychischen oder physischen Erkrankungen?

Viele hochsensible Menschen leben ihr Leben glücklich und harmonisch. Trotzdem gibt es Hinweise, dass hochsensible Menschen anfälliger für psychische Erkrankungen wie Depression oder Angststörungen sind. Zudem kann die mentale Überreizung zu somatischen, also körperlichen Symptomen führen, hinter denen keine organische Ursache steckt. Wir schauen uns den Zusammenhang zwischen Hochsensibilität und psychischen und physischen Krankheiten in diesem Kapitel einmal etwas genauer an.

Hilfe, ich habe dauernd Schmerzen!

Wenn du häufiger unter körperlichen Beschwerden leidest, ist der erste Gang immer der zum Hausarzt. Es ist wichtig, dass eine organische Ursache für deine Beschwerden von einem Arzt eindeutig ausgeschlossen wird. Wenn du schwarz auf weiß hast, dass du körperlich gesund bist, kann eine Erklärung sein, dass du körperliche Symptome aufgrund deiner Hochsensibilität entwickelt hast. Die gute Nachricht ist: Dagegen lässt sich eine Menge tun. Im Praxisteil dieses Ratgebers stelle ich dir zahlreiche Alltagsstrategien vor. Folgende somatische Beschwerden können auf Hochsensibilität zurückzuführen sein:

Du hast oft Kopfschmerzen

Deine Hochsensibilität führt dazu, dass du mehr Informationen wahrnimmst als andere Menschen. Es ist für dich deutlich schwieriger, Reize und belastende Situationen auszublenden. Auf diese ständige Überreizung kann dein Gehirn mit Kopfschmerzen reagieren.

Du hast Magen-Darm-Beschwerden

Stimmungen und Emotionen werden nicht nur vom Gehirn verarbeitet, sondern auch im Darm. Die Vielzahl an Emotionen, die auf dich einprasseln, können zu Verdauungsstörungen führen.

Du bist ständig müde

Es ist anstrengend, wenn dauernd Reize und Emotionen in dir arbeiten. Es kann sein, dass du mit Erschöpfung und ständiger Müdigkeit auf deine hochsensible Wahrnehmung reagierst.

Du schläfst schlecht

Wer viele Reize verarbeiten muss, kann am Abend häufig nicht so leicht abschalten. Es ist dadurch schwieriger, in den Schlaf zu finden. Es liegt auf der Hand, dass Schlaflosigkeit den Körper zusätzlich belastet, dass wir dauerhaft müde sind und Schwierigkeiten haben, uns zu konzentrieren.

Du empfindest Schmerz intensiver

Schon bei kleinen Verletzungen empfindest du starken Schmerz? Das kann ein Zeichen deiner Hochsensibilität sein, die mit höherer Schmerzempfindlichkeit einhergeht.

Du hast Hautprobleme

Unsere Haut ist der Spiegel unserer Seele. Wenn wir ständig unter Strom stehen, kann sich das im Hautbild äußern. Vielleicht bekommst du in besonders angespannten Phasen einen Hautausschlag oder hast insgesamt ein eher schlechtes Hautbild?

Hochsensibilität und Depression

Hochsensibilität ist keine psychische Erkrankung und geht auch nicht zwingend mit einer psychischen Erkrankung einher. Viele hochsensible Menschen sind psychisch gesund. Trotzdem haben sie ein erhöhtes Risiko, an einer Depression zu erkranken. Das liegt vor allem an folgenden Faktoren:

– Intensive Sinneseindrücke: Sie können belastend sein und sich bedrohlich anfühlen. Wenn sich hochsensible Menschen häufig fragen, warum sie nicht so belastbar sind wie ihre Mitmenschen, kann das zu Sinnkrisen führen.
– Empathie: Wenn Hochsensible mit Menschen zu tun haben, die gerade in einer Krise stecken oder einen Schicksalsschlag erlebt haben, kann das sehr nahegehen, fast so, als würde die Krise einen selbst betreffen.
– Rückzug und Einsamkeit: Hochsensible Menschen ziehen sich oft von ihrer Außenwelt zurück. Daher haben sie ein kleineres Netzwerk aus Freunden und Bekannten. Falls Isolation oder Einsamkeit empfunden wird, begünstigt das eine Depression.
– Perfektionismus: Hochsensible Menschen haben oft den Anspruch, keine Fehler zu machen, perfekt sein zu wollen. Wer sehr hohe Ansprüche an sich stellt, kann daran auch scheitern.
– Reflexion: Hochsensible Menschen denken oft über die Welt und das Weltgeschehen nach. Wenn diese Eigenschaft auf Empathie trifft, kann das die seelische Gesundheit beeinträchtigen.
– Sinnfragen: Hochsensible Menschen beschäftigen sich häufig mit dem Sinn des Lebens.

Depression ist eine psychische Erkrankung, die – je nach Schwere – behandelt werden muss und kann. Der erste Schritt ist die Diagnose der Depression durch eine Fachärztin oder einen Facharzt.

Diese oder dieser kann Medikamente oder Psychotherapie verschreiben. Der Therapeut sollte die Tatsache, dass der Patient hochsensibel ist, mit in die Therapie einbeziehen.

Hochsensibilität und Angststörungen

Hochsensible Menschen sind nicht von Natur aus ängstlicher als andere Menschen. Elaine Aron entwirft drei mögliche Szenarien, wie Ängste und Hochsensibilität miteinander auftreten:

1. Hochsensibilität und Angststörungen bestehen nebeneinander.
2. Hochsensibilität und Angststörungen werden miteinander verwechselt, weil die Symptome sich stark ähneln können.
3. Hochsensibilität löst eine Angststörung aus. Das ist vor allem der Fall, wenn der Körper dauerhaft Stressoren ausgesetzt wird, die zu Krankheiten führen können.

Unter den zahlreichen Reizen, die hochsensible Menschen wahrnehmen, können auch Stressoren sein. Das sind Reize, die Stress auslösen, seien es laute, plötzliche Geräusche, ein Beziehungskonflikt oder schlicht der Pulli, der schon den ganzen Tag am Hals kratzt.

Es gibt jedoch einen entscheidenden Unterschied zwischen Hochsensibilität und Stress-Ängsten. Wenn eine Situation uns ängstigt, kann der Körper mit einer Stressreaktion gegensteuern. Diese Stressreaktion klingt ab, wenn wir dem Stress nicht mehr ausgesetzt sind. Bei hochsensiblen Menschen hingegen wirkt der Stress nach, die Stressreaktion hält also an. Die Erregbarkeit und die Symptome bleiben.

Hochsensible Menschen haben ein erhöhtes Risiko für eine anhaltende Angststörung, denn sie sind im Alltag regelmäßig mit Situationen konfrontiert, die sie stressen, und ihr Stresspegel bleibt dann lange Zeit hoch. Wenn diese Phasen der Anspannung nicht von ausreichenden Erholungsphasen unterbrochen werden, in denen sich Körper und Geist entspannen können, steigt die Anfälligkeit für eine dauerhafte Angstreaktion.

Wenn regelmäßig Ängste auftreten, ist eine Psychotherapie zu empfehlen. Hier lernen hochsensible Menschen, ihren Stresspegel zu reduzieren und mit belastenden Situationen umzugehen, ohne Ängste zu entwickeln. Kombiniert werden kann diese Therapie durch die Gabe von Medikamenten, die angstlösend wirken.

Hochsensibilität: Fluch oder Segen?

„Florian hat seiner besten Freundin geholfen, einen Vortrag für die Arbeit zu erstellen. Abends berichtet sie ihm unglücklich am Telefon, dass der Vortrag nicht gut lief, sondern ein „wahres Desaster" war. Florian fühlt sich schuldig an der schlechten Erfahrung und fühlt mit seiner Freundin. Später ist Florian mit einem Kumpel verabredet, sie wollen einen gemütlichen Abend verbringen und einen Film sehen. Weil es ihn sehr beschäftigt, erzählt er von dem misslungenen Vortrag, und da es ihn so mitnimmt, fängt er an zu weinen. Sein Kumpel kann das nicht nachvollziehen. Er sagt ihm, dass er sich nicht so anstellen und es locker nehmen soll. Florian verabschiedet sich lieber hastig nach Hause. Danach hört er nie wieder von seinem Kumpel."

Wurdest du schon einmal ausgegrenzt, weil du anders auf Situationen reagierst als erwartet? Weil du feinfühliger bist?
Ablehnung tut weh. Aber ich bin überzeugt davon, dass wir als Gesellschaft gut und wertschätzend damit umgehen können, dass wir alle unterschiedlich sind. Dazu gehört es, andere zu akzeptieren, wie sie sind – und uns selbst ebenso! Das folgende Kapitel hilft dir, die wahren Stärken deiner Hochsensibilität zu erkennen. Viel Spaß dabei!

Was sind meine Stärken?

1. Du bist authentisch.

Als hochsensibler Mensch kannst du dich gar nicht verstellen. Auch Lügen kommen für dich nicht in Frage, du bist gar nicht in der Lage, andere Menschen zu täuschen. Es ist dir emotional fast unmöglich, eine Arbeit auszuführen, die nicht mit deinen Werten übereinstimmt. Beispiel: Wenn du jemanden nicht magst, dann kannst du das kaum verstecken. Du hast eine Nachbarin, die du nicht ausstehen kannst? Klar, du bist höflich und natürlich grüßt du sie, wenn du sie siehst. Aber du vermeidest, dich länger mit ihr zu unterhalten. Es tut dir zwar leid, dass du sie nicht magst. Aber du hast deine Gründe und bist einfach sehr ehrlich damit.

2. Du bist empathisch.
Du hast die Fähigkeit, dich in die soziale und emotionale Situation deiner Mitmenschen einzufühlen. Du kümmerst dich um Menschen, die dir am Herzen liegen. Du nimmst die kleinsten Ungerechtigkeiten wahr. Und du verstehst, welche Bedürfnisse andere Menschen haben, da du sie geradezu nachfühlen kannst.

Beispiel: Du triffst dich nach langer Zeit wieder mit einer guten Freundin. Sie begrüßt dich strahlend und beteuert, dass alles in ihrem Leben gut läuft. Doch du spürst, dass etwas nicht stimmt. Trotz ihrer fröhlichen Fassade merkst du an kleinen Nuancen in ihrem Verhalten und ihrer Stimme, dass sie unglücklich ist. Nach einer Weile des Gesprächs fragst du sie vorsichtig, ob wirklich alles in Ordnung ist. Schließlich bricht sie in Tränen aus und gesteht, dass sie sich einsam fühlt und viele Dinge in ihrem Leben doch nicht so gut laufen, wie sie es gern hätte. Dank deiner Empathie und deines Einfühlungsvermögens konntest du erkennen, dass sie Unterstützung braucht, und ihr damit helfen, ihre Gefühle auszudrücken.

3. Du bist reflektiert.
Ja, es kann etwas dauern, bis du deinen Platz im Leben findest. Aber dich zeichnet aus, dass du sehr reflektiert bist und über ein hohes Maß an Selbstbeobachtung verfügst. Diese Instrumente ermöglichen dir, auch große Lebensfragen/Themen zu ergründen.

Beispiel: Du hast dich entschlossen, nach einem anstrengenden Arbeitstag noch eine Weiterbildung zu besuchen. Während des Kurses merkst du jedoch, dass du dich nur schwer konzentrieren kannst und die Inhalte nicht richtig aufnehmen kannst. Anstatt einfach frustriert weiterzumachen, nimmst du dir nach dem Kurs Zeit, um darüber nachzudenken, warum das so ist. Du erkennst, dass du überfordert bist und dass dir eine Pause zwischendurch gefehlt hat. Aufgrund dieser Erkenntnis beschließt du, deine Zeit in Zukunft besser zu planen und dir Pausen zu gönnen, um effektiver lernen zu können. Diese Selbstreflexion hilft dir, bessere Entscheidungen für deine Zukunft zu treffen und mit Stresssituationen besser umzugehen.

4. Du kümmerst dich um dich.
Selbstfürsorge ist ein großes Thema für dich. Wenn die Welt um dich herum zu chaotisch wird, findest du Mittel und Wege, um dein Gleichgewicht wiederzufinden.
Beispiel: Immer, wenn du sehr gestresst bist, schnappst du dir deinen Hund und ihr geht gemeinsam spazieren. Am liebsten durch den Wald, denn hierher verirren sich nur die wenigsten Menschen. Die Stille, die Bewegung und die Natur ermöglichen es dir, wieder dein seelisches Gleichgewicht zu finden.

5. Du bist kreativ.
Du magst Musik, Kunst und Handwerken. Hier kannst du dich verwirklichen und gleichzeitig erholen und abschalten.
Beispiel: Du hast viele kreative Talente. Du häkelst, du malst und du hörst viel Musik. Du fühlst dich unbeschwert, glücklich und frei, wenn du ganz in deiner Kreativität versinken kannst.

6. Du bist bescheiden.
Du weißt, wer du bist. Du kennst deine Stärken und Schwächen. Du gibst nicht vor, etwas zu sein, das du nicht bist. Auch Wettbewerb, Aggressivität und Konkurrenz liegen dir nicht. Du verhältst dich bescheiden und bist auch ohne Aufmerksamkeit zufrieden.
Beispiel: Auf der Arbeit ist eine neue Stelle frei geworden. Sie würde für dich einer Beförderung gleichkommen. Du hast Interesse, aber du weißt auch, dass dein Kollege sich für die Stelle bewirbt. Du hasst dieses Gefühl, dass ihr nun miteinander konkurriert. Während dein Kollege nur sich den Sieg gönnt, denkst du, dass der Bessere gewinnen möge. Auf einen Wettbewerb lässt du dich nicht ein.

7. Du liebst aus ganzem Herzen.
Wenn du dich einer Person öffnest, dann tust du das aus tiefstem Herzen. Du weißt, was Liebe bedeutet: Fürsorge, Zuneigung und die Fähigkeit, Gefühle auszudrücken und zu teilen. In diesen Bereichen bist du stark.
Beispiel: Deine Schwester sammelt Freundschaften über soziale Medien und ist ganz stolz darauf, dass sie unheimlich viele Menschen kennt. Das ist nichts für dich. Du brauchst echte Menschen, echte Freunde. Wenn du Menschen in dein Herz lässt, stehst du loyal zu ihnen. Du spürst eine tiefe Zuneigung.

Der Praxisteil:

60 ALLTAGSSTRATEGIEN, DIE DICH IM ALLTAG UNTERSTÜTZEN

Genug der Theorie. Im Hauptteil bekommst du praktische Alltagsstrategien an die Hand, die dich dabei unterstützen, erfolgreich mit deiner Hochsensibilität umzugehen: auf der Arbeit, in der Beziehung, bei Freundschaften oder einfach nur für dich und dein Wohlbefinden im Alltag.

Me, myself and I

In diesem Kapitel geht es nur um dich. Du findest Tipps, um trotz Hochsensibilität im seelischen Gleichgewicht zu bleiben.

Die Hochsensibilität akzeptieren

„Maria weiß, dass sie viel mehr Pausen braucht als ihre Mitmenschen. Sie merkt, dass sie nicht so belastbar ist. Sie merkt, dass sie mit Reizen nicht so gut umgehen kann. Bei ihren Freundinnen sehen so viele Dinge einfacher aus. Sie wünscht sich, sie würde es auch manchmal leichter haben."

Viele hochsensible Menschen hadern mit ihrer Hochsensibilität. Sie wissen nicht, wie sie damit umgehen sollen. Deine Hochsensibilität geht nicht plötzlich irgendwann weg. Daher müssen alle Betroffenen lernen, die Hochsensibilität in all ihren Facetten zu akzeptieren. Folgende Punkte helfen dir, deine Andersartigkeit zu akzeptieren:

1. Wir sind viele: In den sozialen Netzwerken gibt es viele Communitys, in denen sich Hochsensible austauschen und über ihre Erfahrungen und den Alltag sprechen. Es ist wunderbar, sich mit jemandem auszutauschen, der genau weiß, wovon du sprichst, seine eigenen Erfahrungen mitbringt und dich annimmt, wie du bist.

2. Lerne dich kennen: Hochsensibilität hat viele Ausprägungen. Nicht alle Symptome, die im Theorieteil aufgelistet sind, müssen auf dich zutreffen. Wenn du den Fragebogen beantwortet hast, dann weißt du, in welchen Situationen du anders reagierst als andere Menschen. Anders, nicht schlechter!

3. Sei ehrlich zu dir: Kommt es immer wieder vor, dass du schlecht über dich denkst und dich einfach nicht akzeptieren kannst? Wie wäre es, wenn du diese Energie nutzt, um zu lernen, dich ganz toll zu finden und dich zu supporten? Eine schöne Methode dafür folgt im nächsten Punkt. Denn das ist eine Selbstliebe-Methode.

4. Übe dich in Selbstliebe: Viele hochsensible Menschen leben entgegen ihren Bedürfnissen. Sie versuchen, sich der Norm der Gesellschaft anzupassen, und vergessen dabei sich selbst. Doch du bist gut so, wie du bist. Das wollen wir tief in dir verankern. Versuche es mal so: Stell dich vor einen Spiegel. Schaue dir in die Augen und sage laut: „Ich bin stark und gut, so, wie ich bin!“ Wiederhole es mehrmals. Das ist vielleicht erst ungewohnt, aber du wirst merken, wie gut dir diese Worte tun.

5. Schäme dich nicht: Du schämst dich, weil du anders bist? Vielleicht, weil du nah am Wasser gebaut bist und oft weinen musst? Höre auf, dich zu schämen. Du leuchtest nun mal anders als andere. Das ist nicht schlechter.

ALLTAGSSTRATEGIE 2

Stoppe das Gedankenkarussell

„Toms Freund geht es nicht gut. Er hat sich von seiner Freundin getrennt und sich zurückgezogen. Um ihn auf andere Gedanken zu bringen, hat Tom schon versucht, ihn mit in die gemeinsame Lieblingskneipe zu nehmen. Aber keine Chance. Tom macht sich Sorgen und er fühlt mit seinem Freund – fast ist es, als ob auch Tom Liebeskummer hätte. Nachts kann er nicht schlafen, weil seine Gedanken immer wieder um seinen Freund kreisen. Er ist in einem Gedankenkarussell gefangen. Er kann mit dem Grübeln gar nicht mehr aufhören!"

Erkennst du dich wieder? Manchmal bist du in einem Sog negativer Gedanken gefangen, aus denen du kaum einen Ausweg findest. Dein Gedankenkarussell macht einfach keine Pause. Das kann dir sämtliche Energie für deinen Alltag nehmen. Daher ist es Zeit, das Grübeln zu stoppen. Das ist leider gar nicht so einfach. Aber ein paar Methoden helfen dabei, das Gedankenkreisen zu unterbrechen, um nicht dauererschöpft und ausgelaugt zu sein:

1. Beschäftige dich. So profan es klingt: Wenn du deinen Kopf mit etwas beschäftigst, du eine andere Aktivität startest, ist weniger Platz für trübe Gedanken. Mach etwas, was dir Spaß macht, und am besten auch deine Hände oder den ganzen Körper beschäftigt. Vielleicht hilft es dir, für eine Weile an einem Bild zu malen oder zu puzzeln? Ebenso funktionieren Spazierengehen, Tanzen, Radfahren und viele weitere Tätigkeiten.

2. Setze dir bewusstes Grübeln als geplante Aktivität. Anstatt das Grübeln völlig zu verbannen, plane es als bewusste Aktivität in deinen Tag ein. Erlaube dir jeden Tag 20 Minuten, in denen du dich gezielt mit deinen Sorgen auseinandersetzt. Dies nennt man „strukturiertes Grübeln". Achte aber darauf, dass dieses Zeitfenster nicht zu nah an deiner Schlafenszeit liegt. Grübeln kann ganz schön aufwühlend sein, und so könnte es sein, dass du diese Gefühle noch nicht ausreichend vor dem Zubettgehen verarbeitet hast. Beschäftige dich nach Ablauf des Zeitfensters bewusst mit etwas anderem, um das Grübeln zu beenden.

3. Setze deinen Gedanken Grenzen. Einsicht ist der erste Schritt. Wenn du merkst, dass du wieder einmal zu sehr ins Grübeln gerätst, werde tätig. Stell dir vor, du bist deine eigene Gedankenpolizei, die sich den negativen Gedanken in den Weg stellt und ganz laut „STOPP" brüllt. Triff die aktive Entscheidung, nicht weiter den Gedanken nachzuhängen. Die oben genannten Methoden können dir dabei helfen. Wenn du merkst, dass du trotzdem wieder ins Grübeln gerätst, dann wiederhole das innere STOPP-Signal!

ALLTAGSSTRATEGIE 3

Erste Hilfe bei Panikattacken

„Lisa hat eine stressige Woche hinter sich. Um sich eine Auszeit zu gönnen, fährt sie in einen Park und geht eine Runde spazieren. Plötzlich hört sie einen lauten Knall und schreckt zusammen. Sie merkt, dass eine Panikattacke auf sie zurollt. Ihre Atmung wird hektischer, sie fühlt die Angstwelle. Es dauert gefühlt ewig, bis diese Panik sich wieder auflöst."

So unangenehm und bedrohlich sie sich auch anfühlt, halte dir stets vor Augen: Eine Panikattacke geht vorbei. Sie stellt keine Gefahr für dein Überleben dar. Die folgenden Tipps helfen dir hoffentlich, dich bei einer anrollenden Panik wieder zu erden und zu beruhigen:

1. Konzentriere dich auf deine Atmung. Wenn du merkst, dass die Angstwelle kommt, fokussiere dich darauf, wie du einatmest und wie du wieder ausatmest. Versuche, den Atem wieder ruhiger fließen zu lassen. Atme möglichst lange und tief ein und lange und ruhig wieder aus. Nimm wahr, wie du deine Atmung langsam wieder unter Kontrolle bekommst. Eine konkrete Technik hierfür ist die „4-6-8-Atmung": Atme vier Sekunden lang ein, halte den Atem sechs Sekunden und atme acht Sekunden lang aus. Wiederhole das mehrmals, bis du dich beruhigt hast.

2. Richte deine Sinne neu aus. Du fühlst Panik durch die Sirenen der Feuerwehr? Oder ein lautes Geräusch hat dich aufgeschreckt

und du kannst dich kaum beruhigen? Dann konzentriere dich auf deine Sinne. Was siehst du in deiner Umgebung? Welche Pflanzen gibt es um dich herum, kannst du erkennen, um was für Blumen es sich handelt? Riechst du etwas? Was hörst du? Ein Kinderlachen? Die Reifen eines Fahrrades auf dem Kies?

3. Mach dir bewusst, dass die Attacke vorbeigeht. Eine Panikattacke ist eine körperliche Reaktion auf einen Reiz. Diese Reaktion an sich ist nicht gefährlich und geht wieder vorbei. Versuche, auch wenn es schwer ist, dich nicht zu sehr in die körperlichen Symptome hineinzusteigern. Du zitterst? Das geht vorbei. Du fühlst eine Enge in der Brust? Das geht vorbei. Du hast Schweißausbrüche? Das geht vorbei.

4. Hol den Kaugummi raus. Zugegeben, dieser Tipp klingt zunächst etwas merkwürdig. Aber tatsächlich kann Kaugummi helfen, Stress abzubauen. Das Kauen lenkt dich ab und hilft deinem Körper, sich zu entspannen. Es kann auch nicht schaden, immer einen Kaugummi in der Tasche zu haben, den du dir in den Mund schiebst, wenn du merkst, dass eine Panikattacke auf dich zukommt.

Geh Probleme logisch an

„Manu hat das Gefühl, dass ihr Leben nur noch aus Problemen besteht. In ihrer Familie ist es scheinbar momentan nicht möglich, harmonisch zusammen zu sein. Auf der Arbeit wird sie vom Chef mit Aufgaben zugebombt. Der Haushalt liegt seit Wochen brach. Mit ihrer Schwester hat sie sich seit letzter Woche überworfen. Außerdem müsste sie sich dringend gesünder ernähren und sich mehr bewegen. Manu hat das Gefühl, dass sie nichts auf die Reihe bekommt. Sie fühlt sich hilflos und denkt, dass sie eigentlich der letzte Loser ist.“

Manchmal sehen hochsensible Menschen den Wald vor lauter Bäumen nicht. Die ganze Welt scheint nur noch aus Problemen zu bestehen, die sie überfordern. Doch auch wenn es manchmal nicht so scheint: Es gibt immer eine Lösung. Wenn du das nächste Mal das Gefühl hast, in deinem Leben regiert das Chaos und du bekommst nichts mehr gebacken, dann probiere Folgendes:

1. Fokussiere dich auf ein Problem: Von heute auf morgen alle Probleme aus der Welt schaffen? Das ist eher unrealistisch. Wähle ein Problem aus, auf das du dich konzentrierst. Zum Beispiel der Konflikt mit deiner Schwester. Frage dich: Welche Möglichkeiten hast du? Was ist dein Ziel, was würdest du gern erreichen? Wie kannst du da hinkommen? Was hält dich davon ab? Erstelle eine Liste mit möglichen Lösungen und wähle diejenige aus, die am besten umsetzbar ist. Setze einen kleinen Schritt nach dem anderen in die Tat um, bis du eine Lösung gefunden hast.

2. Ein Problem als Herausforderung sehen: Du ertappst dich dabei, wie du den ganzen Tag über dein Problem nachdenkst? Vielleicht überlegst du, deinen Job zu kündigen, weil er dir nicht mehr am Herzen liegt. Aber du denkst ständig über die negativen Konsequenzen nach, wie weniger Geld, keine Tagesroutine usw. Versuche doch einmal, die Herangehensweise zu ändern. Schlüpfe in die Rolle eines Außenstehenden, der mit deinem Problem konfrontiert wird. Was würde diese Person tun? Was für Lösungen würde sie vorbringen? Sieh dein Problem als Herausforderung, die es zu lösen gilt.

3. Teile das Problem auf: Manchmal erscheint uns ein Problem wie ein hoher Berg, den man einfach nicht bezwingen kann. Zerlege das Problem in kleinere, handhabbare Schritte. Du möchtest beispielsweise deinen Job wechseln. Das erscheint dir als riesige Aufgabe, die dich überfordert. Zerlege das Thema mal in alle Schritte, die dir dazu einfallen. Etwa:

- Die Dauer deiner Kündigungsfrist feststellen
- Benachrichtigungen über Stellenanzeigen auf Jobportalen aktivieren und lesen
- Ein Profil auf LinkedIn erstellen oder aktualisieren
- Deinen Lebenslauf aktualisieren
- Wichtige Fristen beim Arbeitsamt recherchieren, falls du nicht übergangslos in die nächste Anstellung gehen wirst

Indem du das Problem in kleinere Aufgaben aufteilst, wird es überschaubarer und weniger überwältigend. Setze dir für jede Teilaufgabe realistische Ziele und arbeite sie nach und nach ab. So kommst du Schritt für Schritt deinem Ziel näher und fühlst dich nicht mehr so hilflos.

Du brauchst keinen Kaffee

„Morgens, sechs Uhr. Loreens Wecker klingelt. Gefühlt viel zu früh und definitiv zu laut. Aber es hilft ja nichts, das Büro ruft. Sie schleicht in die Küche, um sich einen Koffeinkick zu gönnen. Sie trinkt ihre erste Tasse Kaffee und fühlt sich wenig später zwar wach, aber dennoch unwohl. Sie hat Herzrasen, ihr ist abwechselnd heiß und kalt, sie hat das Gefühl, überreizt zu sein. Das Koffein tut ihr nicht gut. Aber ohne Kaffee geht es morgens nicht, oder?"

Kaffee, Tee, Energydrinks – die Wirtschaft lässt nichts unversucht, um uns weiszumachen, dass ohne Koffeinkicks nichts läuft. Und wahrscheinlich kennst du kaum einen Menschen, der nicht auf die eine oder andere Art versucht, mit Hilfe von Koffein fit zu werden oder zu bleiben. Der eine pfeift sich jeden Tag gleich mehrere Energydrinks rein. Der andere ist immer mit einer Tasse Kaffee bewaffnet.

Viele hochsensible Menschen reagieren sehr empfindlich auf Koffein. Wenn du nach Kaffee und Co keine negativen Nebenwirkungen bemerkst, dann spricht nichts gegen den Konsum. Wenn du dich aber regelmäßig nach Koffein unwohl fühlst, denke doch einmal darüber nach, deinen Kaffeegenuss zu reduzieren oder sogar ganz zu verzichten. Es gibt andere Mittel und Wege, um morgens wach und fit zu werden, ganz ohne den Koffeinkick:

1. Tageslichtwecker: Licht sorgt dafür, dass der Körper das Schlafhormon Melatonin absenkt, und wir fühlen uns fitter. Nicht

immer reicht das natürliche Tageslicht für diesen Effekt aus. Gerade im Winter, wenn es vielleicht noch nicht mal hell draußen ist, wenn wir unterwegs sind. In unseren Breitengraden kann es daher hilfreich sein, in einen Tageslichtwecker zu investieren. Manche Geräte können sogar einen Sonnenaufgang imitieren.

2. Musik an: Laut einer Studie der Universität Groningen kann Musik die Stimmung und das Wohlbefinden verbessern. Also schmeiße morgens deine Anlage an und höre einen Song, der dir ein Lächeln ins Gesicht zaubert. Vielleicht hast du spontan Lust, dazu zu tanzen? Das ist eine wunderbare Möglichkeit, um den Kreislauf in Schwung zu bringen!

3. Frische Luft: Zugegeben, der Tipp ist nicht ganz neu – aber er funktioniert einfach. Öffne sofort nach dem Aufstehen die Fenster: Der Sauerstoff bringt dein Gehirn auf Touren.

4. Trinke nach dem Aufstehen als Erstes ein Glas warmes Wasser, bevor du etwas anderes isst oder trinkst. Das hat gleich mehrere Vorteile. Zum einen wird dadurch die Nierenfunktion angeregt und dein Stoffwechsel aktiviert. Warmes Wasser ist für den Körper leichter zu verarbeiten als kaltes Wasser, da es die Körpertemperatur nicht so stark senkt und somit den Verdauungsprozess unterstützt. Zum anderen bekommt dein Gehirn genügend Flüssigkeit, die es braucht, um arbeiten zu können. Du kannst auch einen Spritzer Zitronensaft hinzufügen. Das gibt dem Wasser nicht nur Geschmack, sondern liefert deinem Körper auch einen Vitamin-C-Kick, der gut fürs Immunsystem ist.

5. Wechselduschen: Wenn du ein Morgenmuffel bist, dann gewöhne dir an, morgens unter die Dusche zu gehen. Das regt den

Kreislauf an, egal, ob du warm oder kalt duschst. Wenn du den besonderen Kick magst, dann baue Wechselduschen ein. Wechsle also die Temperatur des Wassers immer wieder von warm zu kalt. Das setzt den Körper unter Temperaturreize, wodurch die Sauerstoffaufnahme gesteigert wird. Die Folge: Du wirst fit und wach. Und das ganz ohne Koffein!

ALLTAGSSTRATEGIE 6

Gegen schlaflose Nächte

„Isabell liegt im Bett. Eigentlich ist sie hundemüde. Aber sie merkt schon, dass sie auch diese Nacht wieder schlecht schlafen wird. Ihr Kopf ist einfach zu voll. Sie kommt gedanklich nicht zur Ruhe. Sie denkt viel über den Tag nach, wer was gesagt hat, wie derjenige das gemeint hat. Irgendwann, nach langer, langer Zeit, findet sie doch in den Schlaf. Aber der ist unruhig und viel zu kurz. Am nächsten Morgen ist Isabell nicht ausgeruht und hat echte Probleme, sich auf ihren Alltag zu konzentrieren."

Jeder kennt schlaflose Nächte. Wenn man ab und an nicht schlafen kann, ist das kein Grund zur Sorge. Bedenklich wird es, wenn es immer wieder und regelmäßig vorkommt und die Schlaflosigkeit ein Dauerzustand wird. Schlaftabletten können kurzfristig helfen, sind aber keine dauerhafte Lösung des Problems. Wenn du betroffen bist, lass auch von deinem Hausarzt prüfen, dass keine organische Ursache wie Schilddrüsenprobleme oder Nierenerkrankungen hinter der Schlaflosigkeit stecken. Mit folgenden Tipps verbesserst du deine Schlafqualität:

1. Führe ein Ritual ein: Überlege dir, was du mit deinem Einschlafen verknüpfen könntest, zum Beispiel, dass du dir Entspannungsmusik anhörst. Das braucht etwas Zeit, aber irgendwann weiß dein Gehirn, dass du auf Schlafen gepolt bist, wenn du diese Musik hörst, und du wirst besser einschlafen.

2. Mache keinen Mittagsschlaf: Wenn du dir angewöhnt hast, am Tag ein paar Minuten zu schlafen, dann gewöhne dir das ganz schnell wieder ab. Ein Nickerchen am Mittag kann dazu führen, dass du am Abend Probleme hast einzuschlafen.

3. Achte auf deine Ernährung: Es gibt ein paar Dinge, die guten und tiefen Schlaf stören. Dazu gehören koffeinhaltige Getränke und Alkohol. Du solltest ebenfalls darauf achten, dass du nicht zu kurz vor dem Schlafengehen Mahlzeiten zu dir nimmst. Dein Magen und Darm müssen dann auf Hochtouren arbeiten und das kann deinen Schlaf stark beeinträchtigen.

4. Mach Sport: Regelmäßiges Training sorgt dafür, dass sich der Anteil deines Tiefschlafs erhöht. Beachte aber, dass du nicht abends kurz vor dem Einschlafen Sport machst. Denn das bringt den Kreislauf in Schwung und hält dich vom schnellen Einschlafen ab.

5. Feste Schlafens- und Aufwachzeit: Wissenschaftliche Studien empfehlen, dass du einen festen Tagesablauf aufbaust und immer zur gleichen Zeit aufstehst, wenn du unter Schlafproblemen leidest. Egal, wie kurz deine Nacht auch war. Ebenso wichtig ist es, eine feste Schlafenszeit einzuhalten. Gehe nicht zu spät ins Bett – zwischen 22 und 23 Uhr etwa ist als ideale Schlafenszeit empfohlen, damit das Schlafhormon Melatonin optimal wirken kann. Durch eine feste Schlafens- und Aufwachzeit kannst du deine Einschlafprobleme besser in den Griff bekommen.

6. Muskelentspannung: Besser einschlafen kann man, wenn man seine Muskeln aktiv entspannt. Eine wirksame Methode ist die progressive Muskelentspannung. Dabei spannst du bewusst

verschiedene Muskelgruppen an und lässt die Spannung dann wieder los. Beginne bei den Zehen und arbeite dich langsam nach oben, über die Beine, den Rumpf, die Arme, bis hin zu Gesicht und Kopf. Spanne jede Muskelgruppe etwa 5 Sekunden lang an und entspanne sie dann für etwa 30 Sekunden. Diese Technik hilft, körperliche Anspannung zu reduzieren und den Körper auf den Schlaf vorzubereiten.

ALLTAGSSTRATEGIE 7

Auf das Körpersignal Hunger achten

„Heute ist auf der Arbeit viel los. Luise hat nicht wirklich Zeit, um eine Pause zu machen. Wenn, dann wäre nur ein kleiner Snack drin. Aber ausgerechnet heute hat Luise ihre Brotdose nicht eingepackt. Ab mittags merkt sie, dass sie Hunger hat. Dieses Hungergefühl wird stärker und stärker, bis es fast schon körperlich wehtut. Luise kann sich immer weniger konzentrieren. Zudem wird sie so übellaunig, dass ihre Kollegen schon fragen, ob etwas nicht mit ihr stimmt.“

Hunger ist ein Signal deines Körpers, dass er Energie braucht. Wie viele Reize kann der Hungerreiz bei hochsensiblen Menschen sehr stark sein – und auch mal überraschend kommen. Nachdem du stundenlang ohne Essen ausgekommen bist, kann dich ein starkes Hungergefühl plötzlich völlig aus dem Konzept bringen. Ein paar Tipps können dir helfen, dass du nicht in überwältigenden Hunger gerätst:

1. Achte auf regelmäßige Mahlzeiten: Um Hunger gar nicht erst entstehen zu lassen, versuche, regelmäßige Mahlzeiten einzuhalten. Sie müssen nicht groß sein und versorgen deinen Körper trotzdem sehr gut.

2. Iss Ballaststoffe und Proteine: Gestalte deine Mahlzeiten möglichst mit vielen Ballaststoffen und Proteinen. Beides sind gesunde Stoffe, die lange satt halten.

3. Achte auf Bitterstoffe: Bitterstoffe, die in Lebensmitteln wie Grüntee oder Chicorée enthalten sind, können das Hungergefühl regulieren und helfen, übermäßiges essen zu vermeiden. Sie unterstützen die Verdauung und fördern ein gesundes Sättigungsgefühl.

4. Snacks erlaubt: Da der Hunger oft plötzlich kommt und du als hochsensible Person dieses Gefühl sehr stark wahrnimmst, solltest du immer einen Snack bei dir haben. Gewöhne dir an, immer etwas Obst, Gemüse, einen Müsliriegel oder Ähnliches bei dir zu haben.

5. Trinken, trinken, trinken: Manchmal ist ein plötzliches Hungergefühl tatsächlich Durst. Beide Verlangen werden im Gehirn vom Hypothalamus gesteuert und können sich ähnlich anfühlen. Da wir häufig eh zu wenig trinken, kannst du erst einmal ein großes Glas Wasser trinken, wenn dein Magenknurren aufkommt, und dann schauen, ob das Hungergefühl bleibt.

ALLTAGSSTRATEGIE 8

Mach mal Pause

„Raimund steht ständig unter Strom. Er hat einen anspruchsvollen Job, und auch nach der Arbeit hetzt er von einem Termin zum anderen. Er geht zum Sport. Er trifft sich mit Freunden. Er geht in Konzerte, weil er Musik so sehr liebt. Eigentlich ja schöne Dinge, aber so langsam merkt Raimund, dass er das Gefühl bekommt, dass ihm alles über den Kopf wächst. Eigentlich sollen diese Dinge ihn ja mit Energie aufladen, er fühlt sich aber zunehmend ausgelaugt."

Hochsensible Menschen sind oft vielseitig interessiert. Sie haben eine hohe Motivation für ihre Interessen und gehen ihnen engagiert nach. Manchmal kommen Pausen und Ruhezeiten dabei zu kurz, da sie das Gefühl haben, sie könnten dann etwas verpassen. Doch unser Körper ist nicht dafür gemacht, ständig unter Strom zu stehen. Die Folge vom permanenten Hochleistungsmodus sind Reizüberflutungen, die sich auch körperlich bemerkbar machen können. Reizüberflutungen entstehen, wenn unser Gehirn zu viele Informationen und Eindrücke gleichzeitig verarbeiten muss. Dies kann zu Symptomen wie Kopfschmerzen, Müdigkeit, Nervosität und erhöhter Anspannung führen. Gönne dir deshalb Pausen – für deinen Kopf ebenso wie für deinen Körper. Nimm dir regelmäßig Zeit, um dich zu entspannen und deine Batterien wieder aufzuladen. Folgende Strategien unterstützen dich für bewusste Pausen:

1. Höre auf deinen Körper: Dein Körper sagt dir ziemlich deutlich, was er braucht – und wann du genug hast. Lerne, auf diese Signale zu hören. Hunger, Durst und Müdigkeit sind eindeutige

Signale, ebenso sagt dir dein verspannter Nacken, dass du zu lange am Schreibtisch gesessen hast, oder deine schmerzenden Füße, dass du zu viel unterwegs warst.

2. Viele kleine Pausen: Mache lieber mehrere kleine Pausen über den Tag verteilt, als auf eine große Pause zu warten und dich bis dahin zu überfordern und deine Bedürfnisse zu übergehen. Stehe zum Beispiel kurz vom Tisch auf, schaue aus dem Fester, trinke ein Glas Wasser oder mache sanfte Dehnübungen. Überlege dir, was dir in einer kurzen Pause guttut.

3. Plane deine Pausen: Nimm dir jeden Sonntag ein bisschen Zeit, um deine Pausen für die Woche zu planen. Markiere diese Pausenzeiten farbig im Kalender, damit sie wirklich direkt ins Auge fallen – und halte sie auch ein. Eine Pause bedeutet eine echte Unterbrechung der Arbeit und der alltäglichen Pflichten, um deinem Körper und Geist eine Auszeit zu gönnen. Sie sollte nicht für weitere Arbeiten wie Abwasch oder Wäsche waschen genutzt werden, da dies ebenfalls anstrengend sein kann. Als hochsensibler Mensch ist es wichtig herauszufinden, wie du deine Pausen am besten gestaltest. Für den einen sind sportliche Aktivitäten wie ein Spaziergang oder leichtes Training ideal, während für den anderen das Lesen eines Buches oder der Rückzug in einen ruhigen Raum ohne Kommunikation besser geeignet ist.

4. Heute Ruhetag: Wenn du die Möglichkeit hast, dann gönne dir einmal in der Woche einen ganz bewussten Ruhetag. Einen Tag, an dem du dich nur dir und/oder deiner Familie widmest. Nimm keine Termine und Verabredungen an und nutze die Zeit für Dinge, die dir guttun.

Gib deinem Leben Struktur

„Marlies hat einen sehr ausgefüllten Alltag. Nach ihrer 40-Stunden-Arbeitswoche ist sie noch mit ihren Freunden unterwegs und in einem Verein ehrenamtlich aktiv. Jeder in ihrer Umgebung weiß, dass Marlies ein liebevoller Mensch ist, der immer mit Rat und Tat zur Seite steht. Deswegen wird sie auch oft um Hilfe gebeten. Eine Freundin will umziehen? Marlies hilft. Ein Verein braucht einen Kuchen? Marlies hilft. Ein Bekannter fragt an, ob man nicht gemeinsam eine Radtour am Wochenende starten möchte? Marlies ist dabei. Aber sie merkt zunehmend, dass sie immer erschöpfter wird. Ihr Terminkalender wird immer voller und voller. Und mittlerweile kommt sie selbst viel zu kurz, obwohl sie alle Aktivitäten gern mag."

Viele Hochsensible sind sehr hilfsbereit. Sie kümmern sich aufopfernd um ihre Mitmenschen. Das ist eine wunderbare Eigenschaft. Die einzige Gefahr: dass dabei die eigenen Bedürfnisse zu kurz kommen und man sich selbst ausbeutet. Ein bewusster Blick auf die Tages- und Wochenplanung hilft dabei zu erkennen, wie viel man wirklich schaffen kann und will. So gelingt dir mehr Struktur im Alltag:

1. Plane deinen Tag: Überlege dir im Vorfeld, welche Aktivitäten du in der Woche einplanen möchtest. Plane dir auch Zeitpuffer ein, falls eine Aktivität einmal länger dauert. Wenn du merkst, dass dir eine weitere Aufgabe zu viel wird, dann sage klar Nein.

2. Eule oder Lerche: Beachte bei der Planung auch deine biologische Uhr. Bist du eher ein Frühtyp (Lerche) und kannst dich morgens am besten konzentrieren? Dann schiebe die schweren Aufgaben in die Früh. Als Eule bist du ab nachmittags leistungsfähiger, je nach Ausprägung bis in den späten Abend hinein.

3. Unterscheide zwischen Aufgaben und Freizeit: Es gibt Aufgaben im Alltag, die müssen regelmäßig erledigt werden. Sehr viele Tätigkeiten im Haushalt fallen darunter, etwa tägliches Abspülen oder das Ein- und Ausräumen des Geschirrspülers. Diese Aufgaben, die erledigt werden MÜSSEN, sind nicht deine Freizeit. Plane trotzdem Zeiten für Haushalt und Co mit ein – und danach beginnt deine ungestörte Freizeit.

4. Gönne dir auch Auszeiten: Wie du schon in der Alltagsstrategie 8 erfahren hast, sind Pausen für hochsensible Menschen absolut notwendig. Berücksichtige also genügend Auszeiten in deinem Tagesplan, um nicht wegen zu vieler Termine Dauererschöpfung zu riskieren.

5. Sei nachsichtig mit dir: Ein Tagesplan kann dir helfen, deinem Alltag Struktur zu geben und dich langfristig zu entlasten. Manchmal gibt es aber Tage, an denen auch der beste Plan nicht funktioniert. Hochsensible Menschen haben die Tendenz, an sich zu zweifeln, wenn sie merken, dass ihr Plan nicht aufgeht. Sei besonders an solchen Tagen verständnisvoll und freundlich zu dir und höre darauf, was Körper und Geist dir sagen wollen.

ALLTAGSSTRATEGIE 10

So setzt du Prioritäten

„Maria ist Marketingmanagerin und hat das Gefühl, dass ihr die Aufgaben über den Kopf wachsen. Neben ihrem Vollzeitjob versucht sie, ihre freiberuflichen Projekte zu managen. Ihre Mutter benötigt Unterstützung bei Arztterminen, und Maria hat sich bereit erklärt, ihrer besten Freundin bei der Planung einer großen Geburtstagsfeier zu helfen. Ihr Fitnesskurs, den sie liebt, findet zweimal pro Woche statt, und sie hat sich außerdem vorgenommen, endlich ihr Schlafzimmer neu zu streichen. Zu allem Überfluss muss sie sich noch um die Steuererklärung kümmern, die dringend abgegeben werden muss. Maria denkt sich nur noch: Error. Nichts geht mehr.“

Hochsensible Menschen haben die Tendenz, es allen recht machen zu wollen. Sie verzetteln sich oft, auch weil sie viele Interessen und Ideen haben und am liebsten alles auf einmal machen wollen. Natürlich darfst du dich ausleben. Damit du dich dabei nicht überforderst und in Stress gerätst, setze bewusste Prioritäten. Wie du das angehen kannst, zeige ich dir im Folgenden:

1. Plane jeden einzelnen Tag. Nimm dir die Zeit, deinen Alltag zu organisieren. Du kannst verschiedene Techniken ausprobieren: Einmal die Woche, etwa sonntags, einen Wochenplan schreiben, oder jeden Abend den nächsten Tag planen. Was funktioniert besser für dich?

2. Notiere deine Aufgaben schriftlich. Liste alles auf, was du an dem Tag erledigen möchtest. Das können schöne Vorhaben sein, wie ein Bild weiterzumalen oder eine Freundin zu treffen. Aber auch alle To-dos und lästige Aufgaben wie den Müll rauszubringen oder ein Termin beim Tierarzt.

3. Priorisieren. Jetzt setze Prioritäten, um dich nicht zu verzetteln. An besonders vollen Tagen hat sich das **Eisenhower-Prinzip** bewährt. Hiermit ordnest du deine Aufgaben in Wichtigkeit und Dringlichkeit. Nimm dir jede einzelne Aufgabe vor und prüfe:

- Ist die Aufgabe eher wichtig oder eher unwichtig?
- Ist die Aufgabe dringlich oder kann sie noch etwas warten?

Wenn du deine Aufgaben nach diesen Fragen beantwortest, erhältst du vier Kategorien:

a. Die Aufgabe ist weder wichtig noch dringend.
Mit anderen Worten: Sie kann von der To-do-Liste gestrichen werden. Achte aber darauf, dass auch Tätigkeiten wie „Bild malen“ oder „ins Kino gehen“ wichtig sind, weil sie unserer Zufriedenheit und mentalen Gesundheit dienen.

b. Die Aufgabe ist wichtig, aber nicht dringend.
Du musst die Aufgabe also im Auge behalten, kannst sie aber auch an einem späteren Zeitpunkt absolvieren.
Beispiel: Das Schlafzimmer neu streichen. Es ist wichtig für dein Wohlbefinden, aber es kann warten, bis du dringendere Aufgaben erledigt hast.

c. Die Aufgabe ist nicht wichtig, aber dringend.
Das sind die Aufgaben, die du an eine andere Person delegieren kannst. Beispielsweise kann auch eine Vertrauensperson dein Kind zum Sport fahren.

d. Die Aufgabe ist wichtig und dringend.
Diese Aufgaben solltest du heute auf jeden Fall erledigen, da sie höchste Priorität haben.

Den inneren Schweinehund überwinden

„Lukas hat sich vorgenommen, regelmäßig joggen zu gehen, um fitter zu werden und Stress abzubauen. Doch nach einem langen Arbeitstag fühlt er sich oft zu müde und unmotiviert, um seine Laufschuhe anzuziehen und loszulegen. Stattdessen bleibt er lieber auf der Couch und schaut Serien. Obwohl er weiß, dass ihm das Joggen guttun würde, fällt es ihm schwer, den inneren Schweinehund zu überwinden und sich aufzuraffen."

Wahrscheinlich kennst du das Gefühl, wenn dir alles zu viel wird und du keine Motivation findest, etwas zu tun. Als hochsensible Person brauchst du deine Auszeiten, doch wenn sie überhandnehmen und du für jede Aufgabe, jeden Termin und jedes Treffen Ausreden findest, ist es Zeit, deinen inneren Schweinehund zu überlisten. Stell dir vor, dieser innere Schweinehund sagt laut: „Bleib zu Hause und tu nichts!"

Folgende Fragen kannst du dir stellen, um diesen inneren Schweinehund zu überlisten und wieder aktiver zu werden:

1. Was ist mein Motiv? Im Wort Motivation steckt das Wort „Motiv", also ein Warum. Dieses „Warum" ist es, das du suchen musst. Eigentlich wollest du dich mit deinem Kumpel treffen, aber du bist kurz davor abzusagen? Überlege dir, warum es gut für dich wäre, dich doch mit deinem Kumpel zu treffen.

2. Was sind deine Ziele? Nimm dir doch mal einen Moment Zeit, um über deine Ziele im Leben nachzudenken. Möchtest du gern

sozialer sein? Würdest du gern regelmäßig meditieren, weil es deinem inneren Gleichgewicht guttut? Wenn du antriebslos bist, halte dir deine Ziele intensiv vor Augen. Du kannst dir vor deinem inneren Auge ausmalen, wie es sich anfühlt, wenn du dein Ziel schon erreicht hast. Wie du dich fühlst, wenn du einen Monat lang jeden Tag meditiert hast. Aber: Setze dir realistische Ziele. Ziele wie „Ich möchte so sein wie meine Freundin“ sind unrealistisch.

3. Gestalte Routinen: Dein innerer Schweinehund mag Routinen gar nicht. Sie bringen ihn zum Schweigen. Eine Routine ist zum Beispiel das Zähneputzen. Wir tun es, ohne nachzudenken, weil es uns zur täglichen Routine geworden ist. Am einfachsten kreierst du eine neue Routine, wenn du sie an eine andere bereits existierende anschließt. Du könntest dir vornehmen, immer nach dem Zähneputzen einen kleinen Spaziergang um den Block zu gehen. Oder immer nach dem Abendessen eine kurze Meditation zu machen. Wichtig ist, dass du diese neue Routine regelmäßig einhältst, damit sie irgendwann wie von allein funktioniert.

4. Bereite dich vor: Unterstütze deine Vorhaben, indem du vorausplanst. Wenn du nach der Arbeit noch laufen gehen möchtest, dann stelle am Abend vorher schon deine Joggingschuhe sichtbar in den Flur, oder packe deine Sporttasche, sodass du am nächsten Tag die Sachen nicht suchen musst. Am nächsten Tag ist es dann viel leichter, deinen Plan einzuhalten.

5. Sei nachsichtig mit dir: An manchen Tagen schreit der innere Schweinehund einfach zu laut. Es ist vollkommen in Ordnung, dass du solche Tage hast. Nimm dir Auszeiten, wenn du sie brauchst. Und sei nachsichtig mit dir, wenn es mal einen Tag nicht so läuft, wie du es dir vorstellst. Dann greifst du eben am nächsten Tag wieder an!

Alarmsignale des Körpers erkennen und beachten

„Anna hat sich vorgenommen, ihre beruflichen und privaten Aufgaben perfekt zu meistern. Sie möchte ihren Kollegen im Büro helfen, organisiert das nächste Team-Event und kümmert sich auch noch um ihre Familie zu Hause. In den letzten Tagen bemerkt sie, dass sie ständig Kopfschmerzen hat und sich innerlich unruhig fühlt. Doch Anna ignoriert diese Warnsignale, weil sie das Gefühl hat, sie muss alles perfekt machen und darf niemanden enttäuschen. Eines Morgens wacht sie auf und kann sich vor Erschöpfung kaum aus dem Bett bewegen."

Eine Überforderung kommt meist nicht aus heiterem Himmel, sondern sie bahnt sich langsam an. Dein Körper sendet dir feine Alarmsignale, die du nicht auf Dauer ignorieren solltest. Aber was sind eigentlich Alarmsignale des Körpers, und wie reagiere ich auf sie? Das klären die folgenden Punkte:

1. Was sind Alarmsignale des Körpers?
Es gibt eine Vielzahl von Signalen, die dein Körper aussenden kann, wenn du überfordert bist. Dazu gehören:

- schnelle und flache Atmung
- Kribbeln in den Händen
- angespannter Bauch
- Gefühl von Hitze und Kälte

- Schwitzen
- Kopfschmerzen
- Müdigkeit, Erschöpfung
- Enge in der Brust
- Anspannung im Rücken

2. Wie reagiere ich?
Gehe gedanklich Situationen durch, die du als besonders stressig in Erinnerung hast. Überlege, wie du dich dabei gefühlt hast. Schreibe diese Erinnerungen auf. Lies dann noch mal die Liste oben. Hat dein Körper dir solche Alarmsignale gesendet? Welche? Notiere sie zu deinen Erinnerungen.

3. Achtsamkeit: Wenn du dich das nächste Mal in einer stressvollen Situation befindest, dann höre in dich hinein. Wie fühlt sich dein Körper jetzt an? Nimmst du typische Signale wahr? Diese bewusste Achtsamkeit hilft dir, ein gutes Gespür für deinen Körper zu entwickeln und deine Alarmsignale zu verstehen.

Den inneren Kritiker verstummen lassen

„Kiara liegt am Abend im Bett. Der Tag heute war nicht schön. Die ganze Woche war schon nicht schön. Eigentlich hatte sie sich vorgenommen, jeden zweiten Tag mit einem Freund eine Runde joggen zu gehen. Aber sie hatte jedes Mal absagen müssen, weil es ihr zu viel wurde. Ihr bester Freund wird langsam sauer. Und Kiara denkt nur noch: Warum bin ich so wenig belastbar? Ich schaffe zurzeit gar nichts."

Kiaras innere Stimme spricht negativ mit ihr und lässt sie sich klein und schlecht fühlen. Verantwortlich dafür ist ihr „innerer Kritiker", die kritische innere Stimme, die bei hochsensiblen Menschen oft besonders laut ist. Der innere Kritiker oder die innere Kritikerin greift unser Selbstbewusstsein an. Doch es hilft nichts, diese Stimme vollkommen ignorieren zu wollen. Vielmehr können wir versuchen, unsere innere kritische Stimme verstehen zu lernen und so einen Weg zu finden, mit ihr umzugehen.

1. Lerne den inneren Kritiker kennen: Diese negative Stimme kommt nicht aus deinem Inneren. Sie gibt Aussagen wieder, die wir in unserer Vergangenheit schon einmal gehört haben. Vielleicht haben deine Eltern dir als Kind unbewusst das Gefühl vermittelt, dass du nicht gut bist, so wie du bist? Oder dein bester Freund hat immer wieder gesagt, dass du unzuverlässig bist? Mache dir bewusst, dass der innere Kritiker nach fremden Maßstäben misst, die nicht auf dich zutreffen müssen.

2. Lerne zu unterscheiden: Deine Gedanken sind nicht die Realität. Lerne, die beiden zu unterscheiden, indem du deine Aussagen umformulierst. Statt „Ich kann das nicht“ formuliere besser: „Ich habe das Gefühl, dass ich das hier jetzt nicht kann.“ Die zweite Aussage betont, dass das Nichtkönnen nur ein Gedanke ist, nicht die Realität. Und dann kannst du dir die Frage stellen, ob dieser Gedanke wirklich wahr ist.

3. Kontrolle über den inneren Kritiker bekommen: Schreibe dir über ein paar Tage auf, was dein innerer Kritiker alles zu dir sagt. Jetzt wollen wir den inneren Kritiker überprüfen und widerlegen. Nimm eine Aussage aus deinen Notizen, zum Beispiel: „Ich habe das Gefühl, ich schaffe das nicht.“ Jetzt prüfe, ob das überhaupt wahr ist. Stelle dir dabei folgende Fragen:

- Warum sollte ich das nicht schaffen?
- Was spricht denn dagegen, dass ich das schaffe?

Hinterfrage also selbst kritisch deinen inneren Kritiker. Das ist ungewohnt, aber wird dir schon bald deutlich machen, dass die Stimme des inneren Kritikers nicht die Wahrheit spricht.

Es ist egal, was andere sagen

„Lea hat kürzlich einen Blog über ihre Erfahrungen und Tipps für ein achtsames Leben gestartet. Sie investiert viel Zeit und Herzblut in ihre Beiträge und freut sich über das positive Feedback ihrer Leser. Eines Tages entdeckt sie jedoch einen negativen Kommentar unter einem ihrer Artikel. Jemand schreibt, dass ihre Tipps lächerlich und übertrieben seien. Lea fühlt sich verletzt und beginnt, an sich und ihrer Arbeit zu zweifeln."

Viele Hochsensible haben schon Kritik abbekommen. Wahrscheinlich haben viele schon einmal Aussagen gehört wie:

- Stell dich nicht so an.
- Sei doch nicht so.
- Du solltest dir ein dickeres Fell zulegen.
- Du bist ganz schön zart besaitet.

Es gibt noch viele Varianten davon. Fakt ist: Auch wenn sie hoffentlich vom Gegenüber nicht böse gemeint sind, diese Aussagen tun weh. Es gibt ein paar Strategien, um zu lernen, diese Aussagen nicht mehr an dich ranzulassen:

1. Du kannst es nicht jedem recht machen: Mach dir bewusst, dass du es nicht schaffen wirst, es jedem recht zu machen. Wichtig ist nur, dass du es dir selbst recht machst.

2. Spiegel es zurück: Das Urteil anderer sagt mehr über sie selbst aus als über dich. Stell dir vor, du wärst ein Spiegel und sendest

diese negativen Aussagen direkt dorthin, wo sie herkommen: zurück zum Absender.

3. Finde deine Menschen: Es gibt Menschen, die dich schlecht fühlen lassen, und dann gibt es zum Glück auch Menschen, die dich genau so nehmen, wie du bist und dich wertschätzen. Umgib dich mit diesen wertvollen Personen, und lass die anderen ihrer Wege ziehen. Ein paar wenige gute Vertraute, ob Freunde oder Familie, sind wichtiger als viele oberflächliche Bekannte, die dich verurteilen.

4. Trainiere, wie du gleichgültig wirst: Vermutlich wird dein Körper auf irgendeine Art und Weise auf die Kommentare anderer Menschen reagieren. Vielleicht spannst du dabei die Muskeln an? Oder du fühlst plötzlich dein Herz rasen? Versuche in der Situation, diesen Empfindungen entgegenzuwirken, indem du aktiv entspannst.

5. Digital Detox: Bist du aktiv auf Social Media? Meist suchen wir über Plattformen wie Instagram und TikTok Bestätigung im Außen. Leider ist das Internet auch der Lebensraum von Trollen, die nichts Besseres zu tun haben, als anonym Hasskommentare zu hinterlassen. Wenn du selbst von Cybermobbing betroffen bist, dann melde und blockiere diese User. Es gibt viele Hilfestellen im Internet, an die du dich wenden kannst. Und wenn Social-Media-Kanäle dir keinen Spaß machen, sondern dich stressen und dich herunterziehen, dann mach am besten einen klaren Cut und melde dich ab.

ALLTAGSSTRATEGIE 15

Das Selbstbewusstsein stärken

„Lena hat vor Kurzem einen neuen Job angefangen und sitzt in einer Besprechung mit ihren neuen Kollegen. Während der Besprechung hat sie eine gute Idee, die das aktuelle Projekt voranbringen könnte. Doch als sie kurz davor ist, ihre Hand zu heben und ihre Idee zu teilen, überkommen sie Zweifel. Was, wenn ihre Idee nicht gut genug ist? Was, wenn die anderen sie auslachen oder ablehnen? Lena bleibt still und sagt nichts, obwohl sie weiß, dass ihr Vorschlag hilfreich wäre. Nach der Besprechung ist sie niedergeschlagen und ärgert sich darüber, dass sie nichts gesagt hat."

Viele hochsensible Menschen haben ein eher geringes Selbstbewusstsein. Sie stecken voller Selbstzweifel und denken schlecht über sich. Lena denkt zum Beispiel, dass ihre Kollegen ihr überlegen sind. Sie traut sich nicht, etwas zu sagen, weil sie Angst hat, abgelehnt oder kritisiert zu werden. Wäre sie selbstbewusster, könnte sie viel souveräner auf solche Situationen reagieren. Kennst du es auch, dass du dir oft nach einer kritischen Situation denkst: „Ach, hätte ich doch mal etwas gesagt." Aber dann ist es meistens schon zu spät. Es gibt aber eine Strategie, wie du Schritt für Schritt dein Selbstbewusstsein pushen kannst. Gib dir Zeit für die einzelnen Schritte.

1. Was sind deine Erfolge? Menschen mit einem geringen Selbstbewusstsein konzentrieren sich meist auf ihre Misserfolge und schenken ihren Erfolgen keine Beachtung. Um das zu ändern, notiere dir abends zwei bis drei Dinge, die dir heute gut gelungen

sind und worauf du stolz bist. Oftmals nimmst du diese Momente gar nicht als besonders wahr. Ihnen mehr Beachtung zu schenken und deinen Fokus auf die Erfolge zu setzen hilft dir dabei, deinen Selbstwert langfristig aufzubauen.

2. Was schätzen andere an dir? Viele wissen gar nicht, wie Freunde, Familienangehörige oder Bekannte einen wahrnehmen. Als Folge schätzt du dich viel zu schlecht ein. Eine wunderbare Möglichkeit, sich seinen Stärken bewusst zu werden, ist es, andere zu fragen. Frage vertraute Menschen in deinem Umfeld, was sie an dir zu schätzen wissen, und notiere dir diese Dinge. Du wirst erstaunt sein, was für tolle Eigenschaften du hast, die dir selbst gar nicht so bewusst sind.

3. Nimm Herausforderungen an: Manchmal müssen wir unsere Komfortzone verlassen, um selbstbewusster zu werden. Dazu kannst du dir kleine Herausforderungen im Alltag suchen, die für dich realistisch machbar sind.
Ein Beispiel: Du würdest gern mehr Fahrrad fahren, hast aber Angst, mit dem Rad zur Arbeit zu fahren, weil dir die Reize im Straßenverkehr zu viel sind. Nimm dir vor, erst einmal eine kleine Runde in einer verkehrsberuhigten Straße zu drehen. Wenn das irgendwann klappt, steigere dich und übe an einer Straße, die belebter ist. Du wirst merken, dass du mit kleinen, aber bewussten Steigerungen dir selbst immer mehr zutraust und über dich hinauswächst.

ALLTAGSSTRATEGIE 16

Schreibe ein Dankbarkeitstagebuch

„Wenn Kerstin morgens aufwacht, gilt ihr erster Blick dem Handy. Dort scrollt sie durch die Nachrichten. Nachrichten, die von Kriegen, Inflation, Gewaltverbrechen, Unfällen und politischen Krisen dominiert werden. Nach dem Lesen der Nachrichten fühlt Kerstin sich schlecht. Aber nicht nur für den Moment. Während viele Menschen kurz darüber nachdenken, wie schlimm die Situation ist, und dann ihren normalen Alltag weiterführen, ist es für Kerstin eine Katastrophe. Sie trägt diese Stimmung den ganzen Tag mit sich herum und kann sogar am Abend schwer einschlafen, weil es sie so mitnimmt."

Da hochsensible Menschen tiefere Emotionen haben, kann der Zustand, über schlimme Nachrichten nachzudenken oder mit ihnen mitzufühlen, länger andauern. Doch du kannst dich aus dieser negativen Gedankenspirale befreien – mit einem Dankbarkeitstagebuch.

Ein Dankbarkeitstagebuch ist ein Notizbuch, Heft oder digitales Dokument, in dem du regelmäßig drei Dinge notierst, für die du dankbar bist. Damit fokussierst du deine Gedanken auf das Positive in deinem Leben. Das hilft dir, diese Dinge wieder bewusst wahrzunehmen und insgesamt positiver gestimmt zu sein.
Hier kommen ein paar Tipps, die du beim Schreiben deines Dankbarkeitstagebuches beherzigen kannst:

1. Sammle schöne Erlebnisse. Das können kleine und große Dinge sein. Alles, was dich glücklich und dankbar macht. Vielleicht bist du dankbar, dass deine Familie gesund ist. Vielleicht warst du heute für die Sonnenstrahlen in deiner Mittagspause dankbar. Oder für einen schönen Regenbogen, den du auf dem Heimweg gesehen hast. Notiere sie in Stichpunkten oder als ganze Sätze – du wirst sehen, das geht sehr schnell.
Ganz sicher gibt es auch in deinem Alltag viel Schönes. Was hat dich heute zum Lächeln gebracht? Gerade kleine, zauberhafte Details übersehen wir oft. In deinem Dankbarkeitstagebuch legst du deinen Fokus wieder auf sie.
Du hast viele schöne Momente erlebt und kannst dich nicht entscheiden, was du eintragen sollst? Kein Problem, trage einfach alles ein, wofür du heute dankbar warst. Die Zahl drei ist nur ein Richtwert. Wenn du mehr oder weniger Dinge oder Momente aufschreiben möchtest, ist das okay.

2. Finde deine Form: Sicher, du kannst auch einfach nur die Memo-Funktion deines Handys nutzen und dort jeden Tag eintragen. Schöner wird es aber, wenn du dein Dankbarkeitstagebuch ganz individuell gestaltest. Dabei ist es egal, ob du ein virtuelles oder ein analoges Dankbarkeitstagebuch führen möchtest. Die Gestaltung ist eine wunderbare Möglichkeit, deine Kreativität auszuleben! Es gibt zahlreiche vorgefertigte Kaufvarianten, die dir dabei helfen können, wie das „6-Minuten-Tagebuch", das dich durch die Woche führt und mit hilfreichen Fragen und Anregungen unterstützt. Alternativ kannst du ein einfaches, kostengünstiges Heft oder einen Block verwenden und nach deinen Vorstellungen gestalten. Auch Apps wie „Gratitude" oder „Presently" können dir dabei helfen, deine täglichen Einträge digital festzuhalten. Wähle die Methode, die dir am meisten Freude bereitet und die am besten zu deinem Alltag passt.

3. Entwickle eine Routine. Schreibe jeden Tag in dein Dankbarkeitstagebuch. Das funktioniert super mit einem kleinen Ritual. Lege dein Tagebuch neben dein Bett, so kannst du morgens, statt zum Handy zu greifen, erst einmal in dein Dankbarkeitstagebuch schreiben. Auch der Abend ist als Zeitpunkt gut geeignet, als schönes Abschlussritual des Tages. Da du dich bewusst auf schöne Momente fokussierst, schläfst du danach auch besser ein. Wenn du es häufig vergisst, speichere dir ein Memo ein, das dich regelmäßig an dein Dankbarkeitstagebuch erinnert.

Mit mehr Achtsamkeit durchs Leben

„Sarah, eine vielbeschäftigte Berufstätige in einer Großstadt, entscheidet sich, Achtsamkeit in ihren Alltag zu integrieren. Jeden Morgen nimmt sie sich fünf Minuten Zeit für eine kurze Meditation, um den Tag bewusst zu beginnen. Während ihres Arbeitswegs achtet sie bewusst auf ihre Atmung und die Umgebung um sie herum, anstatt sich von Gedanken über die Arbeit überwältigen zu lassen. In stressigen Situationen im Büro nimmt sie sich einen Moment, um tief durchzuatmen und sich auf ihre Sinne zu konzentrieren, was ihr hilft, ruhig und fokussiert zu bleiben. Abends praktiziert sie Dankbarkeitsübungen und reflektiert über die positiven Momente ihres Tages. Mit der Zeit bemerkt Sarah eine verbesserte mentale Klarheit, weniger Stress und ein allgemeines Gefühl von Wohlbefinden in ihrem Leben."

Der Körper schickt uns ständig Signale, um zu zeigen, was er gerade braucht: Nahrung, Flüssigkeit, Bewegung, eine Pause. Damit du die wichtigen Signale auch wahrnimmst, kannst du Achtsamkeit üben. Achtsamkeit ist ein Zustand von Geistesgegenwart (engl. Mindfulness), in dem ein Mensch bewusst die gegenwärtige Erfahrung seiner Umgebung, seines Körpers und seines Gemüts wahrnimmt, ohne von Gedanken, Erinnerungen oder starken Emotionen abgelenkt zu sein oder diese zu bewerten. Die Idee der Achtsamkeit ist es auch, nicht nach Stressphasen lange Erholungsphasen zu benötigen, sondern durch einen achtsamen

Alltag gar nicht erst in tiefen Stress zu kommen. Mit ein bisschen Übung gelingt auch achtsames Arbeiten oder achtsames Abspülen, um zwei Beispiele zu nennen. Folgende Übungen helfen dir beim Einstieg in die Achtsamkeit und sind auch für dich geeignet, wenn du neu auf dem Gebiet bist:

1. Was fühle ich? Nimm dir jeden Tag einen Augenblick Zeit, um in dich zu gehen. Halte inne. Schließe die Augen, atme dreimal tief ein und aus und dann spüre in dich hinein. Wie fühlst du dich heute?

2. Zähneputzen mal anders: Es gibt Dinge, die wir ganz automatisch machen, zum Beispiel Zähneputzen. Wir können unsere Achtsamkeit trainieren, indem wir die andere Hand zum Zähneputzen benutzen, und nicht einfach nur schrubben, sondern ganz bewusst Zahn für Zahn putzen, als wäre es das erste Mal.

3. Achtsames Beobachten: Zünde dir eine Kerze an, stelle sie etwa einen halben oder ganzen Meter vor dich und dann beobachte die Flamme. Das ist übrigens nicht gefährlich für das Auge, selbst wenn die Flamme hell ist. Betrachte die Flamme, wie sie flackert, welche Farben und Formen sie annimmt. Konzentriere dich für ein paar Minuten voll und ganz auf diese Flamme. Diese Entschleunigung ist auch eine Form der Meditation.

4. Sonnenstrahlen fühlen: Wenn du das nächste Mal draußen bist und die Sonne scheint, dann achte darauf, ob du die Sonnenstrahlen auf deiner Haut spüren kannst. Wie fühlt es sich an, wenn die Sonnenstrahlen auf deine Haut fallen? Fühlst du die Wärme?

5. Aug in Aug: Setze dich in einem ruhigen Moment und ohne Ablenkung vor einen Spiegel und betrachte dein Gesicht. Schaue

dir tief in die Augen und finde heraus, was für Farben du auf deiner Iris entdecken kannst. Betrachte deine Wimpern, deine Augenbrauen, Stück für Stück dein ganzes Gesicht. Betrachte dich liebevoll, ohne dich zu bewerten. Wie fühlt es sich an, wenn du dich im Spiegel anlächelst?

6. Morgenmediation: Hochsensible Menschen meditieren am besten am frühen Morgen, da zu dem Zeitpunkt erst wenige Reize auf sie eingeprasselt sind. Wenn du schon Meditationserfahrung hast, wunderbar. Nimm dir vor, nun wieder jeden Morgen wenige Minuten zu meditieren. Wenn du noch ganz neu auf dem Gebiet bist, sammle erste Erfahrungen in einem Meditationskurs – die gibt es in den meisten Städten live, ebenso aber auch online, häufig kostenlos. Auch zahlreiche Apps wurden genau zu dem Zweck entwickelt, Interessierte in die Meditation einzuführen.

ALLTAGSSTRATEGIE 18

Reizüberflutet? Das kannst du tun

„Marie liebt es, durch die Stadt zu bummeln und neue Geschäfte zu entdecken. Doch an einem besonders belebten Samstag merkt sie, dass das Stimmengewirr der Menschenmengen, das Klappern von Geschirr in den Straßencafés und die laute Musik aus den Geschäften sie zunehmend nervös machen. Sie kann sich kaum noch auf das Schaufensterbummeln konzentrieren und fühlt sich überreizt. Ihr Kopf beginnt zu schmerzen, und sie wünscht sich nur noch, irgendwohin zu flüchten, wo es ruhig ist.“

Jede Stunde des Tages wirken Reize auf uns ein. Wenn du die Reize nicht mehr verarbeiten kannst und dich davon gestresst fühlst, spricht man von Reizüberflutung. Für viele sind das öffentliche Räume wie Bahnhöfe und Flughäfen, Messen, Konzerte, häufig auch Geschäfte und Supermärkte. Wenn du das bei dir wahrnimmst, wende folgende Tipps an:

1. Bewusstsein schaffen und Strategien entwickeln: Statt überstimulierende Orte komplett zu meiden, versuche, deine Reaktion in diesen Umgebungen bewusst zu ändern: Plane kürzere Besuche ein und habe deine wirksamen Hilfsmittel dabei, etwa Active-Noise-Cancelling-Kopfhörer, um dich vor Geräuschen zu schützen. Falls es um Geschäfte geht, kannst du zu weniger frequentierten Zeiten einkaufen gehen. Einige Supermärkte haben mittlerweile die „Stille Stunde“ eingeführt, in denen keine Musik läuft, das Piepen der Kasse leiser gestellt und das Licht gedimmt wird.

2. Was sagt dein Körper: Du weißt mittlerweile, wie dein Körper auf viele Reize reagiert. Wenn du in einer ungewohnten Umgebung bist, höre auf die Alarmzeichen deines Körpers, um rechtzeitig reagieren zu können. Du hast dann die Chance, die Situation zu ändern oder die Örtlichkeit zu verlassen, bevor du von deiner Reizüberflutung überwältigt wirst.

3. Erhole dich bewusst von Reizen: Wenn du viele Reize erlebt hast, etwa nach einer Fahrt in einem überfüllten Zug, dem Besuch eines Workshops oder einen besonders stressigen Einkauf, dann ziehe dich bewusst zurück und sorge für eine reizarme Entspannung. Ideal ist ein Ausflug in die Natur, weil hier dein Nervensystem zur Ruhe kommt.

4. Schalte ab: Versuche, in deiner Erholungszeit auf das Smartphone zu verzichten, und halte den Fokus und deine Aufmerksamkeit bei dir. Oft konsumieren wir Medien, um uns zu entspannen. Tatsächlich erreichst du durch den Griff zum Smartphone häufig das Gegenteil, wenn du dich zum Beispiel durch die Weltnachrichten scrollst und danach niedergeschlagen zurückbleibst.

ALLTAGSSTRATEGIE 19

Dauernd angespannt? So lässt du locker

„Helene weiß, dass sie hochsensibel ist. Oft sind die Reize um sie herum belastend für sie. Mittlerweile reagiert ihr Körper mit Rückenschmerzen. Wenn sie einmal doch kurz zur Ruhe kommt, merkt sie, dass sie körperlich angespannt ist. Sie zieht den ganzen Tag die Schultern nach oben, ihr Kiefer ist verspannt. Kein Wunder, dass sie Rückenschmerzen hat. Aber was kann sie tun, um sich wieder zu entspannen?"

Halte einen Moment inne und fühle in deinen Körper: Ist dein Kiefer entspannt oder aufeinandergepresst? Sind deine Schultern entspannt oder ziehst du sie hoch? Sitzt du ruhig, oder trommeln deine Finger auf dem Tisch oder wippst du mit den Füßen? Schon diese Kleinigkeiten sind Anzeichen von körperlicher Anspannung. Wenn du dauerhaft angespannt bist, leiden auch deine Konzentration und dein Schlaf.
Folgende Tipps helfen dir, körperliche Anspannung abzubauen:

1. Atme bewusst: Wenn du merkst, dass du körperlich angespannt bist, dann achte bewusst auf deinen Atem. Schließe die Augen und atme dreimal tief ein- und aus. So kommst du leichter aus deinen kreisenden Gedanken in dein Körpergefühl.

2. Bewege dich: Gegen dauerhafte Anspannung hilft Bewegung. Besonders positiv ist der Effekt an der frischen Luft oder in einer

ruhigen Umgebung in der Natur – spazieren gehen, wandern, Rad fahren, joggen, was auch immer dir Spaß macht. Jegliche Bewegung funktioniert, auch, die Wohnung zu putzen.

3. Muskeln gezielt anspannen: Diese Übung kannst du anwenden, wenn du keine Zeit für mehr Bewegung hast. Lege dich auf den Rücken und spanne alle Muskeln deines Körpers für etwa fünf Sekunden an: deine Hände und Arme, deine Beine, Bauch, Schultern, auch das Gesicht, indem du eine Grimasse machst. Danach lasse die Spannung langsam los, entspanne den Körper ganz bewusst im Liegen und nimm wahr, wie sich deine Arme, deine Beine, dein Gesicht usw. jetzt anfühlen. Genieße die Entspannung. Wiederhole diese Übung mehrmals.

4. Höre Musik: Du liebst Musik? Dann lege dir deine Lieblingsmusik auf und schließe die Augen. Widme dich dann mit allen Sinnen dieser Musik. Wenn du möchtest, bewege dich zur Musik oder singe mit – erlaube dir einfach, völlig in deiner Lieblingsmusik aufzugehen.

ALLTAGSSTRATEGIE 20

Entdecke dein kreatives Potenzial

„Sophie hat einen anstrengenden Tag hinter sich und freut sich darauf, nach Hause zu kommen. Sie hat sich in letzter Zeit viel mit verschiedenen kreativen Aktivitäten beschäftigt und entdeckt, wie wohltuend diese für sie sind. An diesem Abend entscheidet sie sich, ihre Töpferarbeiten fortzusetzen. Während sie den Ton formt und ihre Hände die geschmeidige Oberfläche spüren, merkt sie, wie der Stress des Tages langsam von ihr abfällt. Das kreative Arbeiten hilft ihr, die intensiven Sinneseindrücke des Tages zu verarbeiten und neue Energie zu tanken."

Kreativität ist ein wunderbares Ventil, um Sinneseindrücke zu verarbeiten. Bestimmt hast du schon eine Leidenschaft für Malen, Schreiben, Tanzen oder ein anderes kreatives Hobby. Wunderbar! Versuche, diese Tätigkeit ganz bewusst als kreative Auszeit zu nutzen. Wenn du noch nicht sicher bist, wie du dein kreatives Potenzial entfalten kannst, dann versuche es mal mit folgenden Übungen:

1. Recherchiere. Es gibt Dutzende Möglichkeiten, seine Kreativität zu entfalten. Informiere dich im Internet, welche kreativen Hobbys es gibt. Kennst du zum Beispiel schon Diamond Painting oder Plotten? Auch Klassiker wie das Stricken und Häkeln sind wieder voll im Trend. Es gibt unzählige Bücher, Videos und Workshops zu diesen Themen.

2. Brainstorming. Nimm dir ein Blatt Papier und stelle einen Timer auf fünf Minuten. Überlege, was dich interessiert und wo du dich kreativ austoben könntest. Fotografierst du im Urlaub gern? Hast du schon als Kind Lego-Bausätze geliebt? Sicher fallen dir direkt einige Tätigkeiten ein, die du in deinem Leben immer gern getan hast, aber in Vergessenheit geraten sind. Wenn die Zeit abgelaufen ist, betrachte deine Liste. Was könntest du davon umsetzen? Was für dich aktuell nicht umsetzbar ist, streiche von deiner Liste. Wahrscheinlich hast du auch bereits beim Schreiben ein starkes Bauchgefühl für ein oder zwei der Tätigkeiten gespürt. Am Ende sollte mindestens ein kreatives Ventil übrig bleiben, das du ausprobierst.

3. Plane. Du hast dir überlegt, dass du gern mit deinen Buntstiften Mandalas ausmalen möchtest? Die Vorlagen kopierst du dir aus dem Internet? Dann ist es jetzt an der Zeit, deine Idee auch wirklich umzusetzen. Überlege dir eine feste Zeit, zu der du das erste Mal dein neues Hobby ausprobieren möchtest. Lege dazu am besten direkt die Dinge heraus, die du zum Loslegen brauchst. Dann rufen sie dir jedes Mal, wenn du an ihnen vorbeigehst, zu: Wir warten hier auf dich. Heute Abend geht es los!

ALLTAGSSTRATEGIE 21

Das kannst du gegen innere Unruhe tun

„Nach einem langen Arbeitstag kommt Leon nach Hause. Während des Tages gab es viele stressige Momente: eine wichtige Präsentation, mehrere Meetings und dazu noch ständige Unterbrechungen durch Telefonanrufe. Am Abend bemerkt Leon, dass er sich nicht entspannen kann. Seine Gedanken kreisen ununterbrochen um die Arbeit, sein Herz schlägt schneller als gewöhnlich, und er spürt eine innere Unruhe. Obwohl er sich auf den Feierabend gefreut hat, kann er nicht abschalten und ist nervös und angespannt."

Bist du oft innerlich unruhig? Innere Unruhe äußert sich bei jedem etwas anders. Folgende Symptome können auf sie hindeuten:

- Nervosität
- Stimmungsschwankungen
- zitternde Hände
- Rückenschmerzen
- Angstzustände
- Heißhungerattacken
- Magen-Darm-Probleme
- Herzrasen
- Erschöpfung

Kennst du diese Symptome? Folgendes kannst du tun, wenn du merkst, dass du innerlich unruhig bist:

1. Werde zum Beobachter: Innere Unruhe hat immer eine Ursache. Daher ist es hilfreich, diesem Auslöser auf dem Grund zu gehen. Akzeptiere, dass deinem Geist und deinem Körper gerade alles zu viel ist, und versuche herauszufinden, warum das so ist. Wenn du den Auslöser identifiziert hast, ist das der erste Schritt, um an einer Lösung zu arbeiten.

2. Bewusstes Atmen: Wenn du eine innere Unruhe verspürst, dann öffne dein Fenster und atme einmal tief ein und wieder aus. Das entspannt sofort und lässt dich zumindest für den Moment ruhiger werden.

3. Verzichte auf dein Smartphone: Du denkst, scrollen durchs Smartphone bringt dir Entspannung? Das Gegenteil ist der Fall. Scrollen am Handy verstärkt deine innere Unruhe, daher gönne dir ganz bewusst handyfreie Zeit. Schalte dein Smartphone in den Flugmodus, lege es in einen anderen Raum oder nutze Apps, die bestimmte Anwendungen während der Ruhezeit sperren. Viele Smartphones haben auch einen „Nicht stören"-Modus, den du aktivieren kannst, um keine Benachrichtigungen zu erhalten und die Versuchung zu minimieren.

4. Lach mal wieder: Lachen ist eine hervorragende Möglichkeit, um innere Unruhe abzubauen. Und eine positive Wirkung stellt sich schon ein, wenn du einfach die Mundwinkel nach oben ziehst. Selbst, wenn dir eigentlich gar nicht nach Lachen zumute ist. Schon durch das Hochziehen der Mundwinkel werden Glückshormone ausgeschüttet. Und diese kleinen Helferlein bekämpfen die Stresshormone und lassen uns entspannter werden.

5. Bewege dich: Wenn du dich bewegst, baust du innere Unruhe ab. Bewegung setzt Glückshormone frei, die Stress bekämpfen. Durch regelmäßige Bewegung erreichst du, dass innere Unruhe gar nicht erst aufkommt. Hast du schon eine Sportart gefunden, die dir Spaß macht? Dann baue dir ganz bewusst Momente ein, in denen du dieser Sportart nachgehst. Es muss aber nicht gleich ein neuer Vereinssport sein. Wie schon an anderer Stelle erwähnt: auch beispielsweise Spaziergänge, Radfahren und Tanzen sind als Bewegungsausgleich wunderbar geeignet.

Me, myself und meine Freundschaften

Sicher, es gibt einige Leute, die als einsame Wölfe durchs Leben gehen und damit glücklich sind. Aber die meisten von uns wünschen sich Menschen, mit denen sie eng verbunden sind. Gute Freundschaften sind wichtig für uns und haben viele Vorteile:

- Freunde mögen dich so, wie du bist. Sie kennen auch deine Schattenseiten und stehen trotzdem zu dir.
- Freunde haben ein offenes Ohr für dich. Wenn du Probleme oder Sorgen hast, kannst du zu ihnen gehen und mit ihnen darüber philosophieren. Zusammen ist so manches Thema gleich weniger beängstigend.
- Freunde sagen ihre ehrliche Meinung, auch wenn sie manchmal unbequem ist.
- Freunde kennen dich gut und haben auf manche Dinge in deinem Leben einen anderen Blickwinkel. Allein diese neue Perspektive kann dir schon weiterhelfen.
- Gemeinsam machen viele Aktivitäten mehr Spaß: ins Kino gehen, essen gehen, einen Spaziergang unternehmen, Sportkurse und vieles mehr.

- Unsere Familie können wir uns nicht aussuchen. Freunde aber schon. Enge Freunde können zu einer Art Familienersatz werden, unsere „chosen family".
- Wer gute Freunde hat, mit denen er Höhen und Tiefen erlebt, ist widerstandsfähiger gegen psychische Belastungen. So tun gute Freundschaften auch unserer mentalen Gesundheit und Resilienz gut.

Natürlich gibt es noch viele weitere Gründe, warum Freundschaften im Leben wertvoll sind. Was sind deine Gründe?

Ob hochsensibel oder nicht: In Freundschaften kann es auch mal kompliziert werden. Wie in Familien ist es ganz normal, dass auch Konflikte aufkommen und man mal unterschiedlicher Meinung ist. Daher zeige ich dir im Folgenden Strategien, die dir in deinen Freundschaften weiterhelfen.

ALLTAGSSTRATEGIE 22

Freunde finden

„Heike ist hochsensibel. Über die Jahre sind ihre früheren Freundschaften im Sande verlaufen. Meist, weil ihre Freunde nicht akzeptieren konnten, dass Heike viele Auszeiten braucht und daher auch den ein oder anderen Termin platzen lässt. Jetzt fühlt sich Heike einsam. Sie hätte gern ein paar enge Kontakte, mit denen sie sich austauschen kann, die aber auch ihre Besonderheit verstehen."

Hattest du in deiner Kindheit auch das Gefühl, dass es einfach war, Freundschaften zu schließen? Für viele von uns ist es als Erwachsene deutlich schwieriger, neue Kontakte zu knüpfen – oder? Ich bin mir sicher, die Antwort lautet Nein. Wer neue Freunde finden will, der findet auch neue Freunde. Hier meine Tipps:

1. Werde aktiv: Wenn du dich nach lieben Menschen sehnst, mit denen du dein Leben teilen kannst, dann werde aktiv. Auch wenn du frustriert bist, es bringt nichts, den Kopf in den Sand zu stecken. Treffe die bewusste Entscheidung, den ersten Schritt zu machen, um etwas an der Situation zu ändern.

2. Schau dich um: Es gibt viele Orte, an denen du nette Kontakte knüpfen kannst.

- Auf der Arbeit: Gibt es eine nette Kollegin, die du sympathisch findest und die du gern besser kennenlernen würdest? Ihr müsst nicht sofort beste Freunde werden. Du kannst als ersten Schritt einfach vorschlagen, gemeinsam Mittag zu essen. So kommt ihr erst mal ins Gespräch.

- Vereine: Bist du Mitglied eines Vereins oder kannst dir vorstellen, dich in einem Verein zu engagieren? Hier findest du neue Leute, die ähnliche Interessen haben wie du. Dadurch ist es meistens auch viel leichter, ins Gespräch zu kommen. Ob im Tierschutzverein, im Tennisverein oder im Schachclub – überall bieten sich Möglichkeiten, nette Menschen kennenzulernen.
- Selbsthilfegruppen: Im Internet findest du eine große Anzahl an Selbsthilfegruppen für Hochsensible. Hier kannst du dich mit Menschen austauschen, die ähnlich ticken wie du. Je nach Größe der Community wohnen diese Menschen nicht in der gleichen Stadt. Du kannst aber darauf achten, eine Gruppe zu finden, die in deiner Nähe angesiedelt ist. Dann sind auch persönliche Treffen möglich.

3. Spring über deinen Schatten: Wenn du jemanden im Visier hast, den du sympathisch findest, dann traue dich, den ersten Schritt zu machen. Es gehört auch ein bisschen Mut dazu, andere Menschen anzusprechen. Mache dir bewusst, dass du nichts zu verlieren hast, und springe über deinen Schatten.

4. Sei offen: Du musst nicht mit der Tür ins Haus fallen und sofort von deiner Hochsensibilität berichten. Aber wenn die Gespräche tiefer gehen, kannst du offen über deine Erfahrungen als hochsensibler Mensch berichten. Erkläre, dass du dir manchmal Zeit nehmen musst, um Überreizung entgegenzuwirken.

5. Bleib entspannt: Freundschaften wachsen mit der Zeit. Du kannst nichts erzwingen. Wenn jemand nicht auf dein Interesse reagiert, kann das viele Gründe haben. Manche Menschen haben auch schon einen großen Freundeskreis oder sind durch ihre Familie oder Arbeit gerade nicht frei für eine neue Freundschaft. Dann gibt es da draußen noch eine Menge anderer Leute, die gern mit dir zusammen sein wollen – genau so, wie du bist.

ALLTAGSSTRATEGIE 23

Falsche Freunde erkennen

„Lisa hat eine Gruppe von Freunden, mit denen sie regelmäßig Zeit verbringt. Doch in letzter Zeit bemerkt sie, dass sie sich nach den Treffen oft ausgelaugt und missverstanden fühlt. Einmal hat sie ihren Freunden von einem Projekt erzählt, das ihr sehr am Herzen liegt. Anstatt sie zu unterstützen oder ihr zuzuhören, haben ihre Freunde sie unterbrochen und das Thema gewechselt. Als Lisa später versuchte, über ihre Gefühle zu sprechen und ihnen mitzuteilen, wie sehr sie die mangelnde Unterstützung verletzt, reagierten sie abweisend und sagten, sie solle nicht so empfindlich sein. Lisa fühlt sich nicht ernst genommen und beginnt zu zweifeln, ob diese Freundschaften wirklich gut für sie sind."

Manchmal ist es an der Zeit loszulassen. Auch in Freundschaften kommt das leider vor. Immer dann, wenn man merkt, dass eine Beziehung einem nicht mehr guttut. Freunde können nicht nur für einen da sein, sie können ebenso Energieräuber sein.
Wann sollte man eine Freundschaft hinterfragen? Hier ein paar Kriterien:

- wenn ihr euch auseinanderentwickelt habt. Anzeichen dafür können sein, dass ihr euch immer weniger hört und seht, euch nichts mehr zu sagen habt und gegenseitig kaum oder kein Interesse mehr an den Themen des Gegenübers habt.
- wenn Freunde dich runterziehen, dich andauernd kritisieren und böswillig sind.
- wenn Freunde dein Vertrauen missbrauchen, schlecht über dich sprechen oder sich vor anderen Personen über dich lustig machen.

- wenn die Freundschaft zu einer Gewohnheit geworden ist und sich die Treffen nicht mehr gut anfühlen, sondern wie ein Termin, der zu erledigen ist.

Folgende Strategien kannst du anwenden, wenn du merkst, dass in einer Freundschaft etwas nicht stimmt:

1. Suche stets das Gespräch und sprich Probleme sofort an. Manchmal „frisst“ man Konflikte in sich hinein, weil man ein Thema nicht aufbauschen möchte. Dem kannst du entgegenwirken, indem du einfach sagst, was dir in einer bestimmten Situation nicht gefallen hat. Eine offene und ehrliche Kommunikation kann so einige Konflikte auflösen und vermeiden.

2. Was bedeutet Freundschaft für dich? Denke darüber nach und schreibe deine Gedanken auf, was du dir von einem Freund oder Freundin wünschst. Dann kannst du deine Freundschaften daraufhin unter die Lupe nehmen.

3. Beende die Freundschaft wertschätzend: Wenn die Aussprache und die eigene Prüfung ergeben, dass die Freundschaft nicht mehr passt, ist es vielleicht an der Zeit, sich zu trennen. Gehe das Gespräch ruhig und respektvoll an. Erkläre ehrlich, warum du das Gefühl hast, dass die Freundschaft euch beiden nicht mehr guttut. Vermeide Vorwürfe und versuche, Verständnis zu zeigen.

4. Mit positiven Menschen umgeben: Wahrscheinlich hast du nicht nur die eine Person in deinem Freundeskreis. Umgib dich mit den Freunden, die dir guttun. Sollte der Kontakt aber deine einzige Freundschaft sein, dann gehe mit offenen Augen durchs Leben und suche nach neuen Freundschaften. Wie das geht, hast du in der Alltagsstrategie 22 erfahren.

ALLTAGSSTRATEGIE 24

Alkohol? Nein danke

„Manuel ist mit seinen Kumpels unterwegs und sie landen in einer Bar. Alle bestellen Bier, auch Manuel. Es wird immer mehr. Eigentlich weiß Manuel, dass er nicht viel verträgt und keinen Wert auf Alkohol legt. Aber er denkt, es wäre das Beste, einfach mit den anderen mitzumachen. Am Ende hat er vier Bier getrunken und es geht ihm gar nicht gut."

Viele hochsensible Menschen reagieren stark auf Alkohol. Schnell sind sie beschwipst oder reagieren mit körperlichen Symptomen wie Schwindel und Übelkeit. Der Grund dafür liegt in der Art und Weise, wie ihr Nervensystem Reize verarbeitet. Hochsensible Menschen haben ein besonders empfindliches Nervensystem, das Reize intensiver wahrnimmt und verarbeitet. Alkohol ist ein stark wirksamer Stoff, der das zentrale Nervensystem beeinflusst, was bei hochsensiblen Personen oft zu einer übermäßigen und unangenehmen Reaktion führt. In unserer Gesellschaft ist das Trinken von Alkohol aber in vielen Situationen nicht nur anerkannt, sondern wird sogar fast erwartet – manchmal entsteht so ein sozialer Druck. Daher kann es leider zu Fragen oder Diskussionen führen, wenn man auf Alkohol verzichten möchte. Wende daher folgende Tipps an, wenn du deinen Alkoholkonsum reduzieren oder sogar ganz einstellen möchtest:

1. Offene Kommunikation: Kommuniziere in deinem Freundeskreis klar und deutlich, dass du keinen oder weniger Alkohol trinken wirst. Deine Freunde können dich nur unterstützen, wenn sie deine Entscheidung kennen.

2. Alkoholgehalt: Wenn du nicht gänzlich auf Alkohol verzichten möchtest, aber die Menge reduzieren willst, achte auf den Alkoholgehalt von Getränken. Bestelle beispielsweise ein Radler statt eines Biers oder eine Weinschorle statt eines Weins.

3. Zeit lassen: Lass dir Zeit beim Trinken, nippe immer nur ab und zu an deinem Glas und ergänze dein alkoholisches Getränk durch Wasser oder Softdrinks.

4. Nur ein Glas: Entscheide dich ganz bewusst dafür, dass du nur ein Glas Alkohol trinkst. Wenn dich jemand zu einem weiteren Glas verleiten möchte, lehne selbstbewusst ab.

5. Aufgabe übernehmen: Übernehme in deinem Freundeskreis eine Aufgabe, für die du nüchtern bleiben musst. Du könntest zum Beispiel den Fahrdienst übernehmen und deine Freunde nach dem Barbesuch nach Hause fahren.

6. Auf den Inhalt achten: In manchen Bars ist es üblich, das Glas nachzuschenken, vielleicht sogar, bevor überhaupt ausgetrunken wurde. Erkläre freundlich, dass du das nicht möchtest.

ALLTAGSSTRATEGIE 25

Nein sagen

„Carina ist am Limit. Die Reize um sie herum sind momentan zu viel für sie. Alles in ihr sehnt sich nach Ruhe. Und dennoch verspricht sie ihrer besten Freundin, ihr am Wochenende beim Umzug zu helfen. Warum? Weil sie nicht Nein sagen kann. Dabei weiß Carina jetzt schon, dass ihr das zu viel wird: die Unordnung, die anderen ihr unbekannten Helfer, die Lautstärke und die körperliche Anstrengung."

Vielen hochsensiblen Menschen fällt es schwer, Nein zu sagen. Sie wollen es gern allen recht machen und vor allem für Menschen, die ihnen nahestehen, da sein. Wer aber schnell „Ja" zu allen möglichen Aufgaben sagt, kommt schnell an sein Limit. Die beste Methode, um sich nicht zu überfordern und vielleicht kurzfristig absagen zu müssen, ist, von Anfang an Nein zu sagen. Nein sagen erfordert etwas Übung. Hier die besten Tipps:

1. Bauchgefühl: Raunt dir deine innere Stimme zu: „Nein, das möchtest du nicht"? Vertraue auf dein Bauchgefühl.

2. Bedenkzeit: Wenn dich aus deinem Freundeskreis jemand um einen Gefallen bittet und du dir nicht sicher bist, ob du die Kapazitäten hast, dann nimm dir Bedenkzeit. Sag, dass du später noch einmal auf das Anliegen zurückkommst. Frage dich dann, ob du momentan genug Energie hast, um diese Aufgabe zu erfüllen, und antworte deinem Freund oder deiner Freundin ehrlich.

3. Gib dir die Erlaubnis: Mach dir bewusst, dass du eine Bitte auch ablehnen darfst. Du musst nicht Ja sagen, du hast immer die Entscheidung. Es ist nichts falsch daran, deine Bedürfnisse zu priorisieren und Nein zu sagen. Die meisten Menschen können das nachvollziehen, und gerade eine gute Freundschaft sollte das gut aushalten.

4. Klar sein: Wenn du „Nein“ zu einer Anfrage deiner Freunde sagst, dann kommuniziere das klar, deutlich und freundlich:

- Bedanke dich als Erstes für die Anfrage.
- Teile deine Entscheidung, dein Nein, klar mit.
- Begründe dein „Nein“. Zum Beispiel, dass du gerade eine Auszeit brauchst.
- Zeige Verständnis für die Situation deines Freunds oder deiner Freundin. Dein Mitgefühl und deine Empathie sind deinen Freunden wahrscheinlich sehr wichtig.
- Hast du eine Idee, wie die Anfrage anders gelöst werden kann? Dann mach einen Gegenvorschlag.

5. Bleibe standhaft: Manche Menschen können kein „Nein“ akzeptieren. Bleibe standhaft. Du kannst zum Beispiel Folgendes sagen: „Du willst mich wohl mit allen Mitteln überzeugen? Es tut mir leid, daraus wird diesmal nichts. Es bleibt beim Nein!“

ALLTAGSSTRATEGIE 26

Schluss mit dem Pessimismus

„Jeanette wundert sich, dass ihre Freundin sich nicht mehr bei ihr meldet. Letzte Woche waren sie noch gemeinsam im Park spazieren. Sie denkt darüber nach, ob etwas vorgefallen sein könnte. Dabei fällt Jeanette auf, dass sie eigentlich nur von sich erzählt hat und sie viel über ihr Leben geklagt hat. Ob das ihrer Freundin zu viel war? Sie wird sie gleich anrufen und fragen."

Erkennst du dich im Beispiel wieder? Manchmal sehen wir die Welt nur noch schwarz und fokussieren uns auf negative Details. Gerade hochsensible Menschen tappen häufig in die Pessimismus-Falle. Warum du immer wieder in pessimistische Gedanken verfällst? Dafür kann es mehrere Gründe geben:

- du fühlst dich erschöpft und ausgelaugt.
- du nimmst dir nicht genug Zeit für dich selbst.
- du möchtest es anderen immer recht machen und bleibst selbst dabei auf der Strecke.

Sprichst du mit deinen Freunden nur noch über Themen, die dich belasten? Dann beachte diese Tipps:

1. Identifiziere die Auslöser: Nimm dir einen Moment Zeit und schnappe dir Stift und Papier. Notiere: Gibt es bestimmte Situationen, in denen du pessimistisch wirst? Gibt es Personen, bei denen du dazu neigst? Sind es immer die gleichen Themen und Situationen, über die du dann sprichst? Beginne dann, die

Ursache des Problems zu lösen. Beispielsweise beschwerst du dich seit Tagen bei deiner Freundin über die viel zu laute Musik von deinen Nachbarn. Anstatt dich ständig darüber zu beklagen, könntest du zu deinen Nachbarn gehen und sie höflich darum bitten, die Musik leiser zu stellen. Auf diese Weise klärst du dein Anliegen direkt an der Quelle und löst das Problem, bevor es dich weiter belastet.

2. Reduziere deine negativen Gedanken: Wenn du merkst, dass du im Gespräch wieder in negative Gedanken verfallen bist, versuche, bald innezuhalten und das Thema zu wechseln. Das wird am Anfang gar nicht so leicht sein, da es oft unbewusst abläuft. Daher ist es hilfreich, wenn du vorher deine Auslöser identifiziert hast.

3. Sei liebevoll zu dir selbst: Auch wenn du beschlossen hast, weniger negativ zu denken, kann es doch mal wieder vorkommen. Bevor du deinen inneren Kritiker laut werden lässt, schenke dir selbst Verständnis. Das nächste Mal wird es besser laufen!

4. Pessimismus ist ansteckend: Deine Freunde sind auch oft pessimistisch? Das ist ansteckend. Sprich offen an, dass du nicht mehr in negativen Themen verharren möchtest, oder lenke das Gespräch aktiv in eine andere Richtung.

ALLTAGSSTRATEGIE 27

Zu emotional? So wirst du ruhiger

„Tina trifft sich mit ihrem besten Freund, um gemeinsam einen Filmabend zu machen. Der Abend ist schön, bis Tina vorschlägt, einen neuen Film auszuwählen. Ihr Freund meint, dass es besser wäre, einen alten Favoriten zu schauen. Tina fühlt sich missverstanden und denkt, ihr Freund würde ihre Vorschläge nicht ernst nehmen. Sie wird traurig und es kommen ihr die Tränen."

Bei hochsensiblen Menschen sind die Emotionen oft intensiver als bei anderen Menschen. Daher reagieren sie manchmal emotionaler, als das Gegenüber vielleicht erwartet. Falls starke Gefühle dich auch selbst belasten, ist es sinnvoll, die auslösenden Situationen und deine Reaktion besser zu verstehen. Stell dir vor, deine Gefühle wären eine Art Sprache, dann ist es an dir, diese Sprache zu lernen. Natürlich macht man da auch Fehler. Also sei nicht zu hart zu dir, wenn es dir nicht auf Anhieb gelingt, überlegter in manchen Situationen zu handeln. Folgende Strategie kannst du anwenden, wenn du merkst, dass du sehr emotional wirst:

1. Lerne deine Gefühle kennen: Wenn du das nächste Mal sehr emotional reagierst, nimm dir nach der Situation Zeit, um zu reflektieren, warum du dich gerade so gefühlt hast. Was steckte hinter deiner Emotion? Akzeptiere dieses Gefühl, statt es zu verleugnen. Das Gefühl ist ein Teil von dir, es gibt also keinen Grund, es abzustoßen. Nimm es lieber an und arbeite damit.

2. Nimm dir eine Auszeit: Mitten im Gespräch merkst du, dass dich etwas triggert? Du wirst traurig oder wütend? Wenn es möglich ist, nimm dich aus dieser Situation raus, indem du den Ort verlässt. Geh in einen anderen Raum, zum Beispiel das Bad, und sammle dich dort wieder.

3. Atme tief ein und aus: Bevor du reagierst, übe eine Atemübung aus, um überlegter handeln zu können. Atme für vier Sekunden durch die Nase ein, halte den Atem für zwei Sekunden und atme dann für sechs Sekunden wieder aus. Danach bist du entspannter und kannst weniger emotional reagieren.

4. Perspektivenwechsel: Wenn du wegen einer anderen Person emotional wirst, frage dich, ob diese Person dich mit Absicht verletzt hat. Es kann hilfreich sein, die Person direkt auf diese Situation anzusprechen – am besten mit etwas zeitlichem Abstand, wenn man wieder ruhiger ist. Meistens sieht man die Situation nach einem klärenden Gespräch in einem ganz anderen Licht und die erste emotionale Reaktion löst sich in Luft auf.

ALLTAGSSTRATEGIE 28

Mit Verletzungen umgehen

„Dirk trifft sich mit Freunden zum Wandern. Während der Tour schlägt Dirk eine Route vor, die er besonders schön findet. Einige seiner Freunde reagieren abweisend und machen sich über seine Wahl lustig, indem sie sagen, dass seine Vorschläge immer langweilig sind. Dirk fühlt sich verletzt und nicht ernst genommen. Doch was kann Dirk tun?"

Hast du schon einmal eine ähnliche Situation erlebt? Wenn du das nächste Mal verletzt wirst, wende folgende Strategie an:

1. Versuche, die Fassung zu wahren: Wenn dich jemand aus deinem Umfeld verletzt, ist dein erster Impuls vielleicht, ebenfalls etwas Verletzendes zu sagen. Vermeide das. Versuche, dich mit folgenden Tipps zu beruhigen:

- Unterbrich das Gespräch. Wenn du in dem Moment erkennst, dass du verletzt bist, dann sag das deinem Gegenüber.
- Verlasse danach die Situation, indem du kurz rausgehst oder das Treffen ganz abbrichst.
- Rede dir gut zu: Wiederhole folgenden Satz: Diese Verletzung wird mich in einem halben Jahr gar nicht mehr interessieren. Dies sorgt dafür, dass du Gefühle wie Wut oder Trauer wieder loswirst.

2. Sprich das Verhalten direkt an: Sobald du dich wieder etwas beruhigt hast, ist es an der Zeit, den Vorfall direkt anzusprechen.

Mache dir eine Liste mit Dingen, die du thematisieren möchtest. Verwende vor allem Ich-Aussagen beim Gespräch, zum Beispiel: Ich habe mich verletzt gefühlt, weil du nicht nach meinem Tag gefragt hast. Gib deiner Freundin oder deinem Freund die Möglichkeit, ihre Sicht zu erklären. Vielleicht war dieser Person bisher nicht bewusst, wie verletzend ihr Verhalten ist?

3. Objektiv über die Situation nachdenken: Analysiere danach die Situation wie ein unbeteiligter Beobachter: Was ist vorgefallen? Wie haben die Beteiligten reagiert? Was hat diese Verletzung für Auswirkungen?

ALLTAGSSTRATEGIE 29

Hör auf, dich mit anderen zu vergleichen

„Mia liegt gerade auf der Couch und entspannt sich von einem vollen Tag. Sie schreibt mit ihrer Freundin, die davon berichtet, dass sie heute Abend ins Theater geht. Gestern war sie mit einer Bekannten essen … und war sie nicht den Tag vorher auch irgendwo unterwegs? Mia war jeden Abend zu Hause und fühlt sich richtig schlecht. Sie fragt sich, warum ihre Freundin so viel Energie hat und sie selbst gar nichts mehr unternimmt, weil sie abends so erschöpft ist."

Ertappst du dich auch dabei, dass du dich mit deinen Freunden vergleichst? Dass du dich zum Beispiel fragst, warum deine Freunde so viel belastbarer sind als du?

Vergleiche bewirken nur eines: Man fühlt sich schlecht. Lass uns deswegen mit dem Vergleichen aufhören!

1. Hinterfrage, was du siehst: Du denkst, nur du hast Probleme? Das stimmt nicht. Mache dir bewusst, dass du nur das siehst, was deine Freunde dir zeigen wollen. So ziemlich jeder Mensch hat Dinge, die nicht gut laufen. Dinge, mit denen er nicht zufrieden ist.

2. Suche das Warum: Überlege dir doch einmal, in welchen Situationen du dich vergleichst. Wann du dich unwohl fühlst. Deine Freundin erzählt dir von ihrem baldigen Wanderurlaub

in Portugal? Du hingegen verreist nicht gern, weil du dich an fremden Orten überfordert fühlst? Wenn du die Situationen identifiziert hast, in denen du dich mit anderen vergleichst, kannst du die Auslöser aufdecken.

3. Akzeptiere dich, so wie du bist: Du bist einzigartig. Auch dein Freund oder deine Freundin ist einzigartig. Jeder hat seine Stärken und Schwächen. Fokussiere dich auf deine Stärken. Schreibe sie dir auf. Und wenn du merkst, dass du ins Vergleichen rutschst, dann erinnere dich bewusst an die Liste deiner Stärken.

4. Selektiere soziale Medien: In den sozialen Medien sehen wir oft scheinbar ideale Menschen. Sie zeigen vor der Kamera etwas, was nicht real ist. Setzt dich das unter Druck? Dann mach kurzen Prozess. Entfolge diesen Menschen, die dich unter Druck setzen, und umgebe dich auch auf Social Media mit Menschen, die dir guttun. Vernetze dich zum Beispiel mit anderen hochsensiblen Menschen.

5. Erkenne unterschiedliche Voraussetzungen: Jeder Mensch hat andere Voraussetzungen im Leben – andere Sozialisierung, Bildung, Gene, Privilegien. Diese Unterschiede bedeuten, dass wir uns gar nicht fair mit anderen vergleichen können. Deine Freundin mag mehr Energie haben, aber vielleicht hat sie auch andere Lebensumstände, die das ermöglichen. Jeder geht seinen eigenen Weg unter seinen eigenen Bedingungen.

ALLTAGSSTRATEGIE 30

Zu empathisch? So bekommst du etwas Abstand

„Stella ist bei ihrer besten Freundin Luna. Luna hat es gerade nicht leicht: Sie steckt mitten in einer Scheidung und ist emotional völlig erschöpft. Sie erzählt Stella von den ständigen Streitereien und den Sorgen um die Zukunft. Stella leidet mit ihr. Sie fühlt sich schrecklich, weil es ihrer Freundin so schlecht geht. Sie fühlt sich hilflos und schuldig, weil sie ihrer Freundin nicht helfen kann. Auch ihr kommen die Tränen."

Stella ist empathisch. Das ist erst einmal eine gute Eigenschaft. Es ist schön, wenn wir feinfühlig sind und uns in andere Menschen hineinversetzen können. Komplizierter wird es, wenn wir so empathisch sind, dass die Gefühle unserer Freunde zu unseren Gefühlen werden. In diesem Fall stehen wir unter Dauerstress. Damit das nicht geschieht, müssen wir lernen, Grenzen zu setzen. Probiere es mit diesen Tipps:

1. Gib das Gefühl zurück: Wenn du dich wegen der Krise oder den Problemen deines Freunds oder deiner Freundin schlecht fühlst, mache dir bewusst, dass es nicht dein, sondern ihr oder sein Thema ist. Sage dir laut vor: „Das ist nicht meine Scheidung. Ich bin sicher."

2. Setze gedankliche Grenzen: Wenn du merkst, dass du den ganzen Tag über die Scheidung deiner Freundin nachdenkst und

dich kaum auf andere Dinge konzentrieren kannst, erinnere dich daran, dass das nicht dein Problem ist. Stoppe bewusst deine Gedanken daran und fokussiere dich auf deine eigenen Aufgaben und Bedürfnisse. Sage dir: „Diese Gedanken gehören nicht mir, ich konzentriere mich jetzt auf meine eigenen Angelegenheiten."

3. Frage nach, bevor du reagierst: Du willst deiner Freundin unbedingt helfen. Dann frage sie, ob sie überhaupt Hilfe haben möchte, und in welcher Form. Oft reicht völlig aus, wenn du für deine Freundinnen und Freunde als Zuhörer da bist.

4. Tanke neue Kraft: Wenn du merkst, dass dich etwas sehr mitnimmt, dann nimm dir eine Auszeit, bei der du neue Kraft schöpfen kannst. Gehe zum Beispiel in der Natur spazieren und tanke dort neue Energie.

5. Denke an dich: Du bist immer für andere da? Du machst jedes Problem deiner Freunde zu deinem Problem? Dann stelle dir folgende Frage: Wann warst du das letzte Mal empathisch zu dir selbst? Es ist wichtig, dass du auch an dich denkst und an deine Bedürfnisse. Auch wenn das bedeutet, dass du dich etwas abgrenzt. Natürlich kannst und sollst du auch für deine Freunde da sein, aber in einem Maß, das nicht an Selbstaufopferung grenzt.

Nimm dir deine Zeit

„Der beste Freund von Matthias wohnt etwas weiter entfernt. Sie versuchen, sich etwa einmal im Monat zu treffen. Bald steht ein Treffen an, der Termin steht schon eine Weile. Aber je näher das Treffen rückt, desto weniger denkt Matthias, dass er es wahrnehmen kann. Er ist momentan durch seine Arbeit sehr belastet und allein der Gedanke an die Anreise mit den öffentlichen Verkehrsmitteln macht ihm Stress. Schließlich beschließt Matthias am Tag vorher, das Treffen abzusagen. Er hat ein schlechtes Gewissen, denn es ist auch nicht das erste Mal, dass er seinen Freund kurzfristig versetzt. Dabei hatte sich Matthias für dieses Jahr vorgenommen, keine Termine mehr abzusagen!“

Kommt dir diese Situation bekannt vor? Sagst du auch manchmal Treffen ab, die du mit deinen Freunden vereinbart hast? Wie wir schon gehört haben, haben hochsensible viele Interessen und wollen sehr viele Dinge tun. Auch Treffen mit unseren Freunden und Bekannten gehören dazu. Doch wenn der Kalender sich füllt, kann das auch überwältigend sein. Es fehlen Pausen, in denen nichts geplant ist, keine Aktion oder Kommunikation ansteht. Solche Auszeiten brauchen wir, um wieder Kraft zu schöpfen, und wir dürfen sie uns auch ohne schlechtes Gewissen nehmen. Hier sind meine Tipps, wie das funktioniert:

1. Sei flexibel: Bevor du eine Verabredung ganz absagst, überlege dir, ob du sie unter anderen Bedingungen nicht doch gern einhältst:

- Ändere die Dauer des Treffens. Statt einen ganzen Tag einen Ausflug zu machen, trefft euch zum Beispiel auf einen gemeinsamen Kaffee. Der restliche Tag gehört dann dir.
- Ändere die Art des Treffens: Ihr seid in einem Restaurant oder Kino in der Stadt verabredet, aber der Weg, fremde Menschen und alle anderen äußeren Reize sind heute zu viel? Lade deine Freunde zu dir ein, macht einen entspannten Fernsehabend auf der Couch, kocht zusammen oder bestellt euch etwas zu essen. So kannst du in deiner Komfortzone bleiben.

2. Sei ehrlich: Wenn du merkst, dass eine Alternative für dich gerade nicht in Frage kommt, dann sei offen und ehrlich zu deinen Freunden. Erkläre, dass du durch deine Hochsensibilität gerade mal eine Pause brauchst und das absolut nichts mit ihnen zu tun hat. Wahre Freunde haben Verständnis für dein Bedürfnis nach Ruhe.

ALLTAGSSTRATEGIE 32

Konflikte lösen

„Kiara wollte mit ihrer besten Freundin auf ein Konzert gehen. Eigentlich war ihr schon klar, dass das schwierig wird. Durch ihre Hochsensibilität hat sie Probleme mit Menschenmengen. Aber sie hat sich überreden lassen, da sie die Musik der Band auch sehr mag. Doch als der Abend näher kommt, sträubt sich in Kiara alles gegen das Konzert. Schweren Herzens sagt sie ab. Es geht einfach nicht. Ihre Freundin ist sauer, da sie allein auch nicht hingehen möchte. Nun wird Kiara sauer, weil ihre Freundin sie nicht versteht. Es kommt zu einem handfesten Streit."

Konflikte sind immer unangenehm – gerade unter Freunden kann das belastend sein. Hochsensible Menschen lieben Harmonie und es belastet sie besonders, wenn andere wütend auf sie sind. Konflikte lösen in ihnen viele negative Emotionen aus. Deswegen habe ich ein paar Tipps zusammengestellt, um Konflikte zu lösen, ohne dass die Freundschaft darunter leiden muss:

1. Abstand bekommen: Im Streit sagt man auch mal Sachen, die man am nächsten Tag bereut. Daher nimm dich aus der Situation heraus und teile deiner Freundin oder deinem Freund mit, dass ihr morgen darüber redet, wenn sich die Gemüter beruhigt haben.

2. Vorbereitung: Bevor ihr eure Aussprache macht, überlege, was du an der Freundschaft so schätzt. Welche positiven Seiten hat dein Konfliktpartner? So bist du gleich viel positiver auf das Gespräch eingestellt.

3. Ursachenforschung: Wenn ihr euch dann zusammensetzt, um über euren Konflikt zu reden, müsst ihr zunächst das Problem identifizieren. Achtet darauf, dies ohne Schuldzuweisungen zu tun. Es kommt hier nur darauf an, dass ihr den Auslöser für den Streit findet.

4. Aufmerksamer Zuhörer: Jede Medaille hat zwei Seiten. Höre daher aufmerksam zu, was deine Freundin oder dein Freund sagt. Wichtig ist, dass du nicht unterbrichst. Versuche, dich in deinen Konfliktpartner hineinzuversetzen. Vermittle deinem Konfliktpartner, dass du ihm zuhörst, indem du Sätze von ihm bestätigst. Beispiel: Deine Freundin erklärt dir, dass sie sauer war, weil du so kurzfristig das Konzert abgesagt hast und sie keine Zeit mehr hatte, einen Ersatz für dich zu finden. Du bestätigst das mit der Aussage: Ich verstehe, was du meinst. Du bist sauer, weil ich so kurzfristig abgesagt habe.

5. Du bist dran: Gib deinem Konfliktpartner zu verstehen, dass auch du gehört werden möchtest. Versuche, deine Gefühle und Emotionen zu vermitteln, ohne deinem Gegenüber Vorwürfe zu machen. Wenn du einen Fehler gemacht hast, dann gib diesen auch zu. Wenn du dir unsicher bist, ob du einen Fehler gemacht hast, dann äußere genau das. Sei offen.

ALLTAGSSTRATEGIE 33

So gelingt dir offene Kommunikation

„Sandra hat im Kindergarten ihres Kindes eine nette Mutter kennengelernt, mit der sie sich gut versteht. Sie wollen sich einmal in ihrer Freizeit treffen, doch bisher hat es nicht geklappt: Sandra hat immer wieder Treffen verschoben, weil sie sich dann doch nicht in der Lage fühlte, und fühlt sich schlecht deswegen. Was ihre Hochsensibilität angeht, ist sie unsicher: Soll sie der neuen Bekannten von ihrer Besonderheit erzählen oder sie lieber verschweigen?“

Es ist etwas ganz Besonderes, neue Freunde zu finden. Vielleicht hast du dich auch schon mal gefragt, wie du mit dem Thema Hochsensibilität umgehen sollst, wenn du jemand Neues kennenlernst. Sollst du davon erzählen? Und wenn ja, wie?
Mit folgender Strategie fällt dir diese Entscheidung in Zukunft leichter:

1. Ja oder Nein?: Von der Hochsensibilität erzählen, das ist ganz allein deine Entscheidung. Es gibt hier kein Richtig und kein Falsch. Du kannst dir auch damit etwas Zeit lassen und erst mal Vertrauen in die neue Freundschaft fassen. Es ist nur zu bedenken, dass andere Menschen dein Verhalten nicht so gut einschätzen können, wenn du die Hochsensibilität verschweigst.

2. Face to Face: Wenn du deiner neuen Bekanntschaft von der Hochsensibilität erzählen möchtest, dann mach das am besten

in einer persönlichen Begegnung. Selbst wenn man häufig über Textnachrichten im Kontakt steht, kann schriftlich leichter etwas falsch rüberkommen. Im direkten Gespräch kannst du die Reaktion deines Gegenübers besser einstufen und das Thema besser erklären.

3. Bereite dich vor: Überlege dir vor dem Gespräch, was du deiner neuen Bekanntschaft alles erzählen möchtest und was nicht. Mach dir eine Liste mit Stichpunkten, an der du dich orientierst.

4. Gefühle zulassen: Falls du emotional wirst, wenn du neuen Bekanntschaften von der Hochsensibilität erzählst, dann lasse diese Emotionen zu. Wenn du dich deswegen unwohl fühlst, hilft dir vielleicht Humor weiter. Du könntest einen Witz machen, nach dem Motto: „Und siehst du? Meine Tränen sind der beste Beweis, dass das mit der Hochsensibilität wahr ist.“

ALLTAGSSTRATEGIE 34

Bleib dir treu

„Lea ist Trauzeugin ihrer besten Freundin Julia. Heute ist der Junggesellinnenabschied, den sie schon seit Wochen geplant hat. Sie, Julia und noch ein paar andere Frauen sind schon den ganzen Tag unterwegs. Eigentlich soll jetzt Schluss sein und Lea merkt auch, dass es ihr reicht. Der Tag war sehr trubelig, aber sie hat das gern für ihre Freundin gemacht. Aber jetzt braucht sie Ruhe. Die anderen wollen noch weiterzuziehen in einen neuen Club. Dort könnte man doch die ganze Nacht durchtanzen. Lea will sich verabschieden. Aber die Frauen lassen kein Nein zu. Sie versuchen mit allen Mitteln, Lea davon zu überzeugen, dass sie mitkommen soll. Am Ende geht Lea mit, weil sie sich sonst schlecht fühlen würde.“

Erkennst du dich wieder? Hast auch du dich schon einmal von etwas überzeugen lassen, was du überhaupt nicht wolltest? Vermutlich ist das jeder und jedem von uns schon einmal passiert. Dahinter können mehrere Gründe stecken. Vielleicht die Tatsache, dass wir andere nicht enttäuschen und verletzen wollen. Oder dass wir sogar Angst haben, dass ein echter Konflikt dadurch entsteht, wenn wir etwas nicht tun.

Manchmal ist es sogar sehr gut, die eigene Komfortzone zu verlassen – auch, wenn man dazu überredet wird. Aber als hochsensible Person hast du besondere Bedürfnisse. Deswegen bleibe dabei und höre auf deine innere Stimme. Bleibe dir treu, wenn du merkst, dass das, was deine Freunde von dir verlangen, gerade zu viel ist.

Folgende Tipps helfen dir, zu dir und deinen Bedürfnissen zu stehen:

1. Finde zu dir selbst: Um auf deine Bedürfnisse zu hören, ist es wichtig, deine persönlichen Werte zu kennen. Erstelle eine Liste mit Werten, die dir im Leben wichtig sind. Wenn du Probleme hast, diese Werte zu identifizieren, kannst du im Internet nach einer Liste von Werten suchen und dann für dich bewerten, welche dir besonders wichtig sind.

2. Finde deine Interessen: Bist du gern mit Menschen zusammen? Machst du gern Sport? Liest du gern allein? Indem du dir bewusst machst, welche Interessen du hast, kannst du klarer zu dir stehen. Wenn laute Musik und viele Menschen zum Beispiel nicht auf deiner Liste stehen, kannst du jetzt besser Nein sagen, wenn dich jemand dazu einlädt, mit in einen Club zu gehen.

3. Sei klar und ehrlich: Wenn du deine Bedürfnisse wahren möchtest, musst du sie auch durchsetzen. Das bedeutet, dass du es offen äußern sollst und darfst, wenn du etwas nicht tun möchtest. Sei in der Wortwahl freundlich, aber bestimmt. Gute Freunde werden auf deine Bedürfnisse eingehen.

4. Hab keine Schuldgefühle: Du hast jedes Recht, auf dich und deine Bedürfnisse zu hören. Und zwar ganz ohne Schuldgefühle. Deine Gesundheit und Wohlbefinden sind so wichtig. Und wie gesagt: Gute Freunde werden das verstehen.

Me, myself und die Arbeit

Arbeit macht einen großen Teil unseres Lebens aus. Im Durchschnitt verbringt jeder Deutsche knapp 38 Stunden pro Woche auf der Arbeit. Im besten Fall ist das keine belastende Zeit für dich – deine Arbeit kann dich sogar glücklich machen:

- Arbeit bringt uns ein Einkommen und finanzielle Planbarkeit und Sicherheit.
- Deine Kolleginnen und Kollegen sind soziale Kontakte, die dich und dein Leben bereichern können. Auch echte Freundschaften oder Beziehungen können am Arbeitsplatz entstehen.
- Deine Tätigkeit kann für dich sinnstiftend sein. Wenn deine Arbeit mit deinen persönlichen Werten übereinstimmt, kannst du dich über deinen Job sogar verwirklichen und Lebensziele erreichen.
- Arbeit gibt deinem Alltag Struktur.

Warum ist deine Arbeit für dich wichtig? Vielleicht fallen dir noch andere Gründe ein.

Als hochsensible Person dürfen wir auch am Arbeitsplatz besonders auf uns achten. Im Folgenden findest du zahlreiche Alltagsstrategien rund um das Thema Arbeit.

ALLTAGSSTRATEGIE 35

Finde deinen Traumjob

„Luca hat nach der Schule eine Ausbildung zum Bankkaufmann gemacht und arbeitet jetzt seit zwei Jahren in diesem Beruf. Aber er merkt immer mehr, dass seine Hochsensibilität ihm beim Kundenkontakt Probleme macht. Er erträgt die Emotionen der Kundinnen und Kunden, die Reize und den Geräuschpegel in der Bank nicht mehr. Immer intensiver überlegt Luca, ob er besser einen anderen Beruf wählen sollte. Aber wie findet man seinen Traumjob?“

Hast du deine „Berufung“, deinen Traumjob schon gefunden? Wenn du diese Frage bejahst, herzlichen Glückwunsch! Das ist so viel wert. Für alle anderen folgen ein paar Tipps, um dem eigenen Traumjob näher zu kommen:

1. Was sind meine Stärken und Interessen? Es gibt viele tolle Jobs – zu wirklichen Traumjobs werden sie erst, wenn sich die Tätigkeit und der Arbeitsalltag mit deinen Interessen und deinen Stärken decken. Erstelle also als Erstes eine Liste mit deinen Stärken und Interessen.

2. Recherchiere im Internet: Recherchiere im Internet, welche Berufe zu deinen Stärken und Interessen passen. Eine gute Möglichkeit, sich neue Ideen zu holen, sind Online-Berufswahltests. Du beantwortest ein paar Fragen und erhältst eine Auswahl von Berufen, die für dich in Frage kommen können.

3. Sammle Qualifikationen/Erfahrungen: Wenn du eine Tätigkeit gefunden hast, die dich interessiert, dann beginne, praktische Erfahrungen in diesem Bereich sammeln. Zum einen helfen dir Qualifikationen wie Praktika und Fortbildungen bei der Bewerbung bei einem potenziellen Arbeitgeber. Aber fast noch wichtiger: Während du dich mit der neuen Tätigkeit beschäftigst, erlebst du, ob sie dir wirklich Spaß macht und sie dem entspricht, das du dir vorgestellt hast.

4. Bewirb dich! Du weißt jetzt, wo du beruflich hinmöchtest? Dann gilt es nun, einen tollen Arbeitgeber finden. Hier hast du verschiedene Möglichkeiten:

- Jobsuchmaschinen: Es gibt im Internet zahlreiche Jobsuchmaschinen. Manche von ihnen enthalten fast alle Branchen, andere sind auf gewisse Tätigkeiten oder Regionen spezialisiert. Finde die besten Suchmaschinen für dich und gib dein gesuchtes Profil ein. Du erhältst eine Liste von Stellenangeboten in deiner Umgebung.
- Jobmessen: Auf Jobmessen kannst du deinen potenziellen Arbeitgeber direkt kennenlernen. Bei einem netten Gespräch hinterlässt du einen guten Eindruck, der dir bei deiner Bewerbung zugutekommt.
- Recherche des Arbeitgebers: Verschaffe dir vor der Bewerbung auf den Webseiten des Arbeitgebers einen ersten Eindruck. Wie präsentiert sich das Unternehmen, was kannst du über die Firmenpolitik erfahren? Findest du Werte und Themen, die dir wichtig sind, auf der Internetpräsenz des Arbeitgebers?
- Bewertungen des Arbeitgebers: Wenn du einen möglichen Arbeitgeber identifiziert hast, suche auf Job-Bewertungsportalen nach dem Unternehmen. Mache dir bewusst, dass diese Bewertungen immer nur eine Tendenz aufzeigen können. Viele Bewertungen sind subjektiv: Wenn eine Bewerberin oder ein Bewerber abgelehnt wurde, verfasst er oder sie vermutlich keine positive Bewertung.

Perfektionismus ade

„Lou arbeitet schon eine ganze Weile in einem Unternehmen in der Buchhaltung. Sie ist sehr zufrieden mit ihrem Arbeitgeber. Eines Tages ruft ihr Vorgesetzter sie zum Gespräch. Lou ist ein bisschen aufgeregt. Ihr Chef teilt ihr mit, dass Lou bei der Buchhaltung ein Zahlendreher passiert ist. Obwohl das Gespräch sehr freundlich ist und keine Konsequenzen für Lou hat, fühlt sie sich schrecklich. Ihr ist ein Fehler unterlaufen! Der Chef muss sie doch für inkompetent halten und vielleicht werden auch die Kollegen hinter ihrem Rücken über sie tuscheln, oder?"

Der Hang zum Perfektionismus ist unter hochsensiblen Personen sehr stark ausgeprägt. Es kommt vor, dass Projekte gar nicht erst begonnen oder stark hinausgezögert werden, weil die Angst vor dem Scheitern zu groß ist.
Würdest du dich auch als perfektionistisch beschreiben? Diese Tipps helfen dir, deinen Hang zum Perfektionismus abzulegen:

1. Glaubenssätze identifizieren: Perfektionismus bedeutet, von sich stets perfekte Leistung zu erwarten. Hinter diesem unrealistischen Anspruch stehen Annahmen oder Glaubenssätze, die wir unbewusst verinnerlicht haben. Im ersten Schritt gilt es also, diese Glaubenssätze für dich zu identifizieren.
Ein typischer Glaubenssatz bei Perfektionismus könnte zum Beispiel sein: „Ich muss perfekt sein, um respektiert zu werden." Trifft das auch auf dich zu? Dann schreibe den Satz auf – und dann wandele ihn in einen positiven Glaubenssatz um: „Ich werde

respektiert, dazu muss ich nicht perfekt sein", oder „Ich muss nicht perfekt sein, um respektiert zu werden". Kehre alle deine Glaubenssätze so in ins Positive um. Um sie zu verinnerlichen, ist es sinnvoll, die neuen Glaubenssätze regelmäßig zu lesen und laut auszusprechen. Schreibe sie dazu zum Beispiel auf Zettel oder Post-its und befestige diese in deiner Wohnung, wo du sie oft lesen wirst. Warum? Mit jedem Lesen wird der neue Glaubenssatz stärker in deinem Gehirn verankert, bis du ihn wirklich glaubst.

2. Erwartungsmanagement: Oftmals stellen wir viel zu hohe Erwartungen an uns selbst, sei es im beruflichen Kontext oder allgemein im Leben. Schreibe dir auf, was du von dir selbst erwartest, und mache eine Stichpunktliste daraus. Wahrscheinlich sind die Punkte für dich nicht alle gleich wichtig. Überlege dir, wo deine Prioritäten liegen sollten. Setze dir dann realistische Erwartungen, die du auch erfüllen kannst. Wenn du deine Erwartungen klar definierst und sie realistisch hältst, wirst du zufriedener mit dir und deinem Leben sein.

3. Fehler akzeptieren: Perfektionismus hat oft mit der Angst vor Kontrollverlust zu tun. Eine Übung, um Perfektionismus auf der Arbeit abzulegen, ist, bewusst kleine Unvollkommenheiten zuzulassen. Du hast das Gefühl, dass du auf eine E-Mail von deinem Chef sofort alles stehen und liegen lassen musst, um zu antworten? Dann warte das nächste Mal ein paar Minuten, bevor du eine Antwort schreibst. Lerne, dass es in Ordnung ist, nicht immer sofort perfekt zu reagieren. Es geht darum, sich bewusst zu machen, dass die Welt nicht untergeht, wenn du nicht immer 150 Prozent gibst. So kannst du lernen, gelassener mit kleinen Fehlern umzugehen und dich weniger unter Druck zu setzen.

ALLTAGSSTRATEGIE 37

Selbstbewusst mit Kritik umgehen

„Celina arbeitet in einem Blumenladen und ist stolz auf ihre kreativen Blumensträuße. Eines Tages kommt eine Kundin, die mit dem bestellten Strauß unzufrieden ist, weil ihr die Farbkombination nicht gefällt. Celina nimmt die Kritik sehr persönlich und ist enttäuscht, weil sie viel Mühe in den Strauß gesteckt hat. Sie bleibt zwar professionell und hört der Kundin zu, aber innerlich fühlt sie sich angegriffen und überfordert. Am liebsten würde sie sich im Lagerraum verstecken, um ihre Emotionen zu verarbeiten."

Niemand wird gern kritisiert. Hochsensiblen Menschen fällt es besonders schwer, Kritik sachlich einzuordnen. Sie nehmen sie sich zu Herzen. Doch auch du kannst konstruktiv mit Kritik umgehen – hier ein paar Tipps:

1. Zuhören: Wenn dich jemand kritisiert, dann höre gut zu. Oft will unser Gehirn sich sofort mit Verteidigungsstrategien beschäftigen. Aber das kommt, wenn überhaupt, erst später. Höre als Erstes alles an, was dein Gegenüber zu sagen hat.

2. Nachfragen: Kannst du die Argumente der Kritik nachvollziehen, oder hast du Fragen? Jetzt ist die Gelegenheit, dein Gegenüber zu fragen. Natürlich versuchst du dabei, sachlich zu bleiben. Lasse auch Sarkasmus oder einen anklagenden Unterton weg. Indem du nachfragst, zeigst du deinem Gesprächspartner, dass du ihn ernst nimmst.

3. Distanz: Ja, es ist schwierig, aber mache dir bewusst, die Kritik nicht persönlich zu nehmen. Schaffe eine emotionale Distanz, indem du die Argumente wie eine außenstehende Person objektiv betrachtest. Bleib ruhig und sachlich. Wenn dir das nicht gelingt und du dich emotional fühlst, nimm dich aus der Situation heraus und verschiebe das weitere Gespräch auf einen Zeitpunkt, der euch beiden passt.

4. Kritik annehmen: Kritik ist kein Angriff, sondern ein sachliches Feedback zu einer Arbeitsleistung. Entscheide dich, ob du diese Kritik annehmen möchtest. Wenn ja, dann bedanke dich bei deinem Gesprächspartner, und versuche nicht, die Kritik herunterzuspielen. Wenn du hingegen der Meinung bist, dass die Kritik nicht zutrifft oder in Teilen nicht stimmt, dann äußere das sachlich.

Klare Grenzen setzen

„Susanne arbeitet als Bürokauffrau. Sie sitzt in einem Büro mit drei anderen Kolleginnen. Immer, wenn es Mehrarbeit gibt, wendet sich der Chef an Susanne und nicht an die Kolleginnen. Auf der einen Seite fühlt sich Susanne geehrt, dass der Vorgesetzte Vertrauen in sie setzt. Aber auf der anderen Seite fühlt sie sich ausgenutzt. Warum muss immer sie die Mehrarbeit leisten? Susanne fühlt sich zunehmend erschöpft. Es ist an der Zeit, Grenzen zu setzen!“

Hochsensible Menschen haben Probleme, Grenzen zu setzen. Die Gründe, die dahinterstecken, können vielfältig sein. Hast du vielleicht Angst, die andere Person könnte negativ über dich denken, wenn du Grenzen aufzeigst? Oder bist du so empathisch mit deinem Chef, dass du denkst, du musst ihm helfen, damit es ihm gut geht? Wer keine Grenzen aufzeigt, riskiert jedoch Überforderung, Erschöpfung und Burn-out. Es ist daher eine wichtige Kompetenz, am Arbeitsplatz auch gegenüber Vorgesetzten und Team seine Grenzen wahren zu können. Dafür einige Tipps:

1. Was will ich? Nimm dir ein paar Minuten Zeit und denke darüber nach, wie du gern arbeitest und wo deine Grenzen liegen. Willst du wirklich Überstunden machen? Möchtest du an jedem Projekt mitarbeiten? Schreibe dir auf, wo in der Zukunft deine beruflichen Grenzen liegen sollen.

2. Bedenkzeit: Viele Zusatzaufträge werden am Arbeitsplatz spontan übertragen. Anstatt überrumpelt die Aufgabe anzunehmen,

räume dir ein paar Minuten Bedenkzeit ein. Antworte deinem Gegenüber zum Beispiel: „Danke für deine Anfrage. Ich muss hier rasch etwas fertig machen. Können wir in zehn Minuten darüber reden?“ So hast du genug Zeit, um dich zu sammeln und gemäß deinen Grenzen zu antworten.

3. Kommunikationsregeln einhalten: Es gibt bestimmte Regeln der Kommunikation, die du auch beim Grenzensetzen einhalten solltest:

- Bleibe höflich, aber bestimmt.
- Begründe dein Nein kurz, damit es nachvollziehbar ist, aber rechtfertige dich nicht zu ausführlich.

Beispiel: Dein Kollege möchte, dass du eine zusätzliche Aufgabe übernimmst. Eine mögliche Antwort wäre: „Danke, dass du mir diese Aufgabe anvertrauen möchtest. Leider kann ich dir gerade wirklich nicht helfen, ich habe einfach schon zu viel zu tun.“

4. Priorisiere: Wenn du eine neue Aufgabe annimmst und du vorher schon ausgelastet warst, bedeutet das, dass du etwas anderes dafür nicht (oder später) schaffen kannst. Um festzulegen, in welcher Reihenfolge und mit welcher Priorität du die Themen angehst, ziehe deinen Vorgesetzten zurate. Vor allem, wenn die Anfrage von ihm oder ihr selbst kommt.
Beispiel: Du hast eine neue Aufgabe von deiner Chefin erhalten, nun hast du aber zu viele Projekte auf dem Schreibtisch. Du könntest sie mit einbeziehen: „Ja, ich übernehme dieses Projekt gern. Was soll ich denn stattdessen weglassen oder später erledigen?“
Damit zeigst du deiner Chefin, dass du flexibel bist und diese Aufgabe gern erledigst, sie aber entscheiden muss, was du stattdessen weglässt.

ALLTAGSSTRATEGIE 39

Mobbing? So reagierst du richtig

„Nadine sitzt beim Arzt, um sich krankschreiben zu lassen. Sie hat Angst, zur Arbeit zu gehen. Der Grund? Ihr Vorgesetzter ist sehr temperamentvoll und hat sie anscheinend besonders auf dem Kieker. Bei jeder Gelegenheit schreit er sie vor versammelter Mannschaft an und hat sie auch schon beleidigt. Nun hat sie solche Angst vor der Arbeit, dass sie unter permanenten Kopfschmerzen leidet."

Wenn Kritik und Aggressionen systematisch und zielgerichtet erfolgen und regelmäßig stattfinden, dann handelt es sich um Mobbing. Und das ist sehr belastend und kann krank machen. Neben der psychischen Belastung kann es auch körperliche Beschwerden wie Kopf- oder Bauchschmerzen beim Betroffenen auslösen. Solches Verhalten musst du nicht hinnehmen – werde aktiv! Folgendes kannst du tun, wenn du gemobbt wirst.

1. Dokumentiere: Um etwas in der Hand zu haben, musst du das Mobbing dokumentieren. Notiere jedes Mal, wenn du gemobbt wirst, folgende Rahmendaten:

- Täter/Täterin
- Datum und Uhrzeit
- Vorfall

2. Fürsorgepflicht: Wende dich an einen Vorgesetzten, der oder die nicht am Mobbing beteiligt ist. Deine Vorgesetzten haben eine Fürsorgepflicht, d. h., sie dürfen nicht tatenlos zusehen, sondern müssen etwas gegen das Mobbing unternehmen.

3. Eigenes Verhalten:

- ignorieren: Manchmal kann es helfen, den oder die Mobber ganz bewusst zu ignorieren. Wenn die Person merkt, dass sie auf taube Ohren trifft und keine Reaktion erhält, nimmt ihr das möglicherweise den Wind aus den Segeln.
- wehren: Wenn das Mobbing nicht aufhört, ist es Zeit für ein Gespräch unter vier Augen. Mach in deinem Gegenüber deutlich, dass es Konsequenzen haben wird, notfalls auch juristische, wenn er oder sie sein Verhalten nicht sofort einstellt. Als nächsten Schritt fordere die Person schriftlich auf, das Verhalten zu unterlassen. Dank deiner Aufzeichnungen hast du beste Chancen, wenn du dann zum Vorgesetzten, dem Betriebsrat oder zum Anwalt gehst.

4. Hole dir externe Hilfe: Auch im Fall von Mobbing bist du nicht allein. Wende dich an Anlaufstellen, die dir bei Mobbingvorfällen helfen können, z. B.:

- im Internet: https://www.malteser.de/aware/hilfreich/mobbing-hilfe-fuer-betroffene.html
- die Antidiskriminierungsstelle des Bundes: Tel. 030/185551855
- regionale Kontaktstellen: Recherchiere im Internet, welche Möglichkeiten der Beratung du in deiner Nähe hast.

5. Letzter Schritt: Wenn die vorherigen Strategien nichts bewirken, ist es an der Zeit, über eine Jobveränderung nachzudenken. Zunächst kannst du versuchen, innerhalb des Unternehmens versetzt zu werden. Wenn das nicht möglich ist, dann denke über eine Kündigung nach. Schließlich belastet dich dein Arbeitsplatz.

ALLTAGSSTRATEGIE 40

Abschalten nach der Arbeit? So gelingt es

„Endlich Wochenende. Lana freut sich schon die ganze Woche auf ihre wohlverdiente Auszeit. Diese ist auch dringend nötig, fühlt sie doch, dass die letzte Arbeitswoche fast zu viel war. Für den Samstag hat sie sich vorgenommen, einfach mal nichts zu tun, um ihre Sinne zu erholen. Doch sie kann sich nicht entspannen. Ihre Gedanken kreisen die ganze Zeit um ein Projekt, das sie für die Arbeit zu erledigen hat. Sie denkt daran, wie sie den einen Aspekt umsetzen könnte. Sie rechnet aus, ob sie zeitlich hinkommt. Sie denkt über Inhalte nach … Samstagabend ist sie erschöpft, weil sie es nicht geschafft hat, die Arbeit aus dem Kopf zu bekommen. Wie kann sie abschalten?"

Hochsensible Menschen machen sich viele Gedanken – auch rund um ihre Arbeit. Es fällt ihnen schwer, Abstand zu gewinnen und den Kopf abzuschalten. Wie wir alle wissen, brauchen wir Entspannungsphasen zur Erholung und um einen mentalen Zusammenbruch, auch bekannt als „Shutdown", zu verhindern. Mit folgender Strategie fällt es dir leichter, nach der Arbeit den Kopf freizubekommen, sodass du dich erholen kannst:

1. Rituale erschaffen: Überlege dir, welches Ritual du einführen kannst, was dir zeigt, dass du jetzt Feierabend hast.
Beispiel: Nach der Arbeit erreichst du einen guten Abschluss, wenn du den Rechner herunterfährst, den Schreibtischstuhl an den Schreibtisch schiebst und dein Geschirr vom Schreibtisch

wegräumst. Auf dem Weg nach Hause machst du noch einen Spaziergang an der frischen Luft, um den Kopf klar zu bekommen. Es können auch mehrere Rituale sein, variiere nach Bedarf.

2. Gedanken notieren: Häufig kommen einem die besten Gedanken, wenn das Gehirn gerade zur Ruhe kommt. Falls dir solche Gedanken nach Feierabend kommen, notiere sie kurz. Sage dir dann, dass du diese Ideen am nächsten Arbeitstag weiterverfolgen wirst. Lass die Gedanken dann los, indem du innerlich Stopp sagst.

3. Entspannung fest einplanen: Was entspannt dich nach der Arbeit? Zeit mit deinem Partner zu verbringen? Im Garten zu arbeiten? Dich mit Freunden zu treffen? Ein Bad zu nehmen und eine Gesichtsmaske aufzulegen? Schreibe dir fünf Dinge auf, die dich so richtig entspannen, und vergebe fixe Termine, an denen du ihnen nachgehst. Damit bekommst du einen klaren Kopf und läutest ganz bewusst den Feierabend ein. Ein positiver Nebeneffekt: Wenn du Aktivitäten ausübst, die dich glücklich machen, werden Glückshormone ausgeschüttet. Diese helfen, Stresshormone abzubauen!

So gestaltest du einen reizarmen Arbeitsplatz

„Die Deadline rückt immer näher. Noah sitzt schon seit Stunden an dem Projekt, das er bis 16 Uhr erledigt haben muss. Er hört das Ticken der Wanduhr, die Gespräche und Telefonate der Kollegen, den Straßenlärm von draußen und kann sich einfach nicht konzentrieren."

Erkennst du dich wieder? Hochsensible Menschen haben oft Probleme mit Reizen in ihrem Arbeitsumfeld. Es prasseln zahlreiche Geräusche und Informationen auf sie ein, die sie schnell überfordern. Du solltest daher deinen Arbeitsplatz möglichst reizarm gestalten. Denn immer, wenn du eine Überreizung erlebst, bringt dich das an dein Limit. Diese Belastung kann bis zu Erkrankungen führen, denn dein Körper versucht, dir immer wieder zu zeigen: bis hierhin und nicht weiter! Folgendes kannst du tun, um deinen Arbeitsplatz reizarm zu gestalten:

1. Lärm bekämpfen: Ein unruhiger Arbeitsplatz ist das größte Problem, mit dem hochsensible Menschen zu kämpfen haben. Dieses Problem kannst du lösen, indem du dir Kopfhörer mit Geräuschunterdrückung kaufst. Wie du bereits erfahren hast, besitzen diese Kopfhörer mit sogenanntem Active-Noise-Cancelling eine Funktion zum Unterdrücken der Umgebungsgeräusche – ideal für das Büro.

2. Keine Deko: Links neben dem Bildschirm steht eine kleine Dekofigur, rechts ein Bild deiner Kinder? Es ist absolut verständlich, dass du deinen Schreibtisch etwas individueller gestalten möchtest. Die Dekoration soll dich aber nicht ablenken und überreizen. Gerade, wenn du nur eine kleine Arbeitsfläche hast, verbanne den größten Teil deiner Deko. Als Test kannst du auch die gesamte Dekoration für ein bis zwei Tage entfernen und ausprobieren, wie sich dein Arbeitsplatz dann für dich anfühlt.

3. Beleuchtung: Auch zu helles oder zu schummriges Licht kann Stress auslösen. Finde eine optimale Beleuchtung, die für deine Sinne passt. Beziehe dabei auch deinen Arbeitgeber mit ein.

4. Handyfreie Zone: Ein privates Handy hat an deinem Arbeitsplatz nichts verloren. Während der Arbeitszeit solltest du es daher in deiner Tasche oder an einem sicheren Ort, wie der Garderobe, lassen. Es überreizt dich, wenn du alle fünf Minuten aufs Handy schaust. Keine Angst: Du befürchtest, dass du Notfälle verpasst? Gib wichtigen Kontakten die Festnetznummer deiner Arbeit, damit sie dich im Notfall erreichen können. So kannst du dich besser auf deine Arbeit konzentrieren und gleichzeitig sicher sein, dass du für wichtige Anrufe erreichbar bist.

5. Ausrichtung des Arbeitsplatzes: Auch das Umstellen deines Schreibtisches kann einen großen Unterschied machen, etwa, wenn du statt mit dem Blick auf deine Kollegen mit dem Blick zum Fenster oder zur Wand sitzt. Sprich solche Veränderungen vorher mit deinem Vorgesetzten und allen im Raum betroffenen Personen ab.

Besser konzentrieren können

„Andre sitzt an seinem Schreibtisch und versucht, sich auf eine wichtige Aufgabe zu konzentrieren. Doch seine Gedanken schweifen immer wieder ab zu seinem Neffen, der in drei Wochen Geburtstag hat. Andre wollte ihm ein Baumhaus bauen und ist nun gedanklich nur noch bei der Suche nach Bauplänen und Materialien. Es fällt ihm schwer, sich auf seine Arbeit zu fokussieren. Was kann er tun?"

Für hochsensible Menschen kann es eine besondere Herausforderung sein, sich auf die Arbeit zu konzentrieren. Zu viele Reize vor Ort, Themen, die einen gerade beschäftigen und vieles mehr. Diese Tipps helfen dir, dich in der Arbeit besser zu fokussieren:

1. Ablenkung reduzieren: Gestalte deinen Arbeitsplatz so reizarm wie möglich. Wie das geht, hast du in der Alltagsstrategie 41 erfahren.

2. Unliebsames zuerst: Mache dir deine Prioritäten für den Arbeitstag bewusst. Starte mit der wichtigsten Aufgabe morgens, wenn du ausgeruht und fit bist und die Konzentration am höchsten ist. Wenn diese Aufgabe erledigt ist, ist schon viel geschafft, und dieses Gefühl motiviert dich für den restlichen Tag.

3. Deadline setzen: Wenn du viel Zeit für deine Aufgabe hast, arbeitest du unkonzentrierter. Der Grund: Du weißt, dass du noch üppig Zeit hast, da ist auch eine Ablenkung erlaubt … Diesem Aufschieben und Verzögern von Aufgaben kannst du

entgegenwirken, indem du dir feste Termine setzt. Achte aber darauf, dass diese Deadlines auch realistisch sind und du deinen Plan einhältst.

4. Kaugummikauen: Studien zeigen, dass Kaugummikauen die Konzentration steigern kann. Dieser Effekt hält leider nur für einen kurzen Zeitraum an: Nach rund 20 Minuten ist er wieder vorbei.

5. Pausen machen: Kein Mensch kann sich acht Stunden am Stück konzentrieren. Pausen sind wichtig, um leistungsfähig zu bleiben. Es hängt von deiner Tagesform und deiner inneren Uhr ab, wie viele Pausen du brauchst und wann du sie am besten nimmst. Wenn du unkonzentriert wirst, mache eine kurze Pause, statt dich zu quälen und damit Zeit zu vergeuden. Stehe auf, verlasse den Raum, schnappe frische Luft, trink Wasser oder Tee. Nach ein paar Minuten setzt du dich wieder an deine Aufgabe und packst mit neuer Energie an.

6. Energie tanken: Achte darauf, dass du genug trinkst und isst. Zum einen lenken Durst und Hunger von der Konzentration ab. Zum anderen braucht dein Körper Flüssigkeit und Nahrung, um genug Energie aufzubringen, damit du dich konzentrieren kannst. Welche Snacks fürs Büro besonders geeignet sind, erfährst du in der Alltagsstrategie 43.

ALLTAGSSTRATEGIE 43

So tankst du neue Energie

„Nora sitzt seit vier Stunden am Schreibtisch. Sie hat keine Pause gemacht. Sie merkt, dass ihre Laune immer schlechter wird. Der Hauptgrund ist, dass sie mittlerweile großen Hunger verspürt. Sie hat ein paar Schluck Wasser getrunken, aber zum Essen ist sie noch nicht gekommen. Da Nora hochsensibel ist, nimmt sie das Hungergefühl sehr stark wahr. Bald kann sie an nichts anderes mehr denken."

Als hochsensibler Mensch nimmst du ein Hungergefühl viel stärker wahr als andere. Wenn du außerhalb von Pausenzeiten Hunger bekommst, ist es deshalb nicht nur erlaubt, sondern sogar wichtig, dass du Energie tankst und kleine Snacks zu dir nimmst.

Welche Snacks sind gut geeignet, um dich ideal mit Energie zu versorgen? Das sind Nahrungsmittel, die den Blutzuckerspiegel lange Zeit konstant halten – am besten also kein normaler Schokoriegel. Hier findest du einige Ideen für gut geeignete Snacks, wenn du lange leistungsfähig bleiben willst:

1. Nüsse: Haselnüsse, Cashewkerne, Walnüsse und Co: Egal, welche Nüsse du magst (und verträgst), etwa eine Handvoll kannst du dir täglich als Snack bei der Arbeit gönnen. Sie enthalten viel Eiweiß und Fette, was dich lange satt halten wird. Zudem sind Nüsse voll wichtiger Mineralstoffe wie Vitamin B, Zink und Magnesium.

2. Trockenfrüchte: Getrocknete Früchte enthalten Fruchtzucker. Dieser ist an Ballaststoffe gebunden. Dein Körper braucht vergleichsweise lange, um Fruchtzucker verfügbar zu machen. Deshalb bleibt dein Energielevel, anders als beim Genuss von gewöhnlichem Industriezucker, konstant hoch. Daneben enthalten Trockenfrüchte wie getrocknete Aprikosen viele Mineralstoffe und Vitamine.

3. Gemüse mit Hummus: Die meisten Gemüse haben kaum Kalorien und Zucker, liefern aber viele Mineralstoffe, Vitamine, Spurenelemente und Ballaststoffe. Wie wäre es mit Karotten, Gurke, Kohlrabi oder Paprika? Nimm, was dir gut schmeckt. Wenn dir Gemüse pur zu langweilig ist, kannst du dir Gemüsesticks schneiden und einen Dip dazu essen. Ideal ist Hummus, eine Creme auf der Basis von Kichererbsen und Sesammus. Ob selbstgemacht oder gekauft, Hummus steckt voller Ballaststoffe, Eiweiß und gesunder Fette, die lange satt halten. Zink, Eisen und Magnesium liefern deinem Gehirn die Energie, die es braucht.

4. Flüssigkeit: Vergiss nicht, regelmäßig zu trinken. Ausreichend Flüssigkeit ist wichtig, um konstant konzentriert bleiben zu können. Am besten ist Wasser. Wenn du es pur nicht magst, dann garniere es mit Zitronen- oder Gurkenscheiben. Um das Trinken nicht zu vergessen, empfiehlt es sich, immer ein volles Wasserglas auf dem Schreibtisch stehen zu haben. Nimm immer ein Schluck daraus, wenn dein Blick darauf fällt.

ALLTAGSSTRATEGIE 44

So sprichst du mit deinem Chef, wenn du unzufrieden bist

„Ja, es ist völlig normal, auch unzufrieden in seinem Job zu sein. Kein Job ist wirklich perfekt, das weiß Emil. Aber er ist schon sehr lange unzufrieden. Emil ist hochsensibel und die Arbeit im Büro kostet ihn viel Kraft. Auch wegen der Reize, die im Büro auf ihn einprasseln. Seit einigen Wochen kommt auch sein Chef immer wieder mit Zusatzaufgaben auf ihn zu. Emil beschließt, das anzusprechen. Wie geht er am besten vor?"

Ein regelmäßiges Gespräch mit deinem Vorgesetzten ist als Arbeitnehmer empfehlenswert. Spätestens wenn du echte Themen wie deine Arbeitslast hast, ist es an der Zeit, ein Gespräch zu suchen. Halte dich an folgenden Strategien, um ein erfolgreiches Mitarbeitergespräch zu führen:

1. Vereinbare einen Termin: Der erste Schritt ist, einen Gesprächstermin mit deinem Vorgesetzten zu vereinbaren. Dein Gegenüber soll genau wie du die Möglichkeit haben, sich auf das Gespräch vorzubereiten und sich ausreichend Zeit dafür zu nehmen. Vereinbart einen Ort, an dem ihr ungestört und in angenehmer Atmosphäre sprechen könnt.

2. Sammle deine Themen: Was sind deine Themen, evtl. Unzufriedenheit über deine Arbeitslast? Sammle alle Themen, die du mit deinem Vorgesetzten besprechen möchtest. Überlege dir auch ein

paar Formulierungen, wie du sie vorbringen willst. So bist du gut vorbereitet und kannst entspannt in das Gespräch gehen.
Beispiel: „Ich bekomme viel Extraarbeit und muss dafür häufig ungeplant Überstunden machen. Das ist mit meiner Hochsensibilität nicht kompatibel, da ich die Mehrarbeit nicht planen kann und sie mich belastet. Ich laufe Gefahr, einen Burn-out zu bekommen."

3. Körpersprache beachten: Deine Körpersprache sagt viel über dich aus. Achte darauf, dass du eine selbstbewusste, aber keine aggressive Körperhaltung einnimmst. Das bedeutet, dass du aufrecht stehst oder sitzt, die Schultern nach hinten ziehst und die Arme nicht verschränkt hältst. Halte den Kopf gerade und suche immer wieder Blickkontakt. Spreche klar und deutlich mit einer starken Stimme. Übe deine Körpersprache vor dem Spiegel, um sicherzustellen, dass du selbstbewusst und offen wirkst. Achte darauf, dass deine Bewegungen ruhig und kontrolliert sind, um einen souveränen Eindruck zu hinterlassen.

4. Sachliche Argumente: Verzichte auch bei Meinungsverschiedenheiten auf Schuldzuweisungen. Damit erreichst du nur, dass dein Gegenüber sich verschließt oder ebenfalls mit Angriff reagiert. Bleibe sachlich und versuche, deine Gefühle im Griff zu haben.

5. Lösungen anbieten: Eine gute Führungskraft wird dich im Laufe des Gesprächs fragen, was sie tun kann, um dich in deinem Thema zu unterstützen. Bereite dafür Lösungsvorschläge vor.
Beispiel: „Ich freue mich, dass Sie meiner Arbeit so vertrauen und mir die neuen Aufgaben übertragen haben. Aber ich fühle mich dadurch zunehmend überfordert. Kollegin X ist ja Expertin für dieses Thema. Wäre es möglich, dass auch Kollegin X einige der neuen Aufgaben übernimmt?"

6. Gespräch üben: Oft gehen Außenwahrnehmung und Selbstwahrnehmung auseinander. Um deine Wirkung und deine Gesprächsstrategie zu üben, simuliere das Mitarbeitergespräch im Vorfeld mit Freunden. Mit ihrem Feedback gehst du noch besser vorbereitet in das Gespräch.

ALLTAGSSTRATEGIE 45

Abmahnung erhalten? So gehst du vor

„Julius ist schon seit Längerem krankgemeldet. Er ist hochsensibel und braucht Erholung, um sein Überforderungsgefühl in den Griff zu bekommen. Jede Woche schickt er eine Krankschreibung an seinen Arbeitgeber. Von einem befreundeten Kollegen hat Julius hat erfahren, dass der Vorgesetzte aufgrund seiner langen Fehlzeiten richtig wütend ist. Trotzdem ist er fassungslos, als er per Post eine schriftliche Abmahnung erhält. Was kann er tun?“

Im ersten Moment ist es sicher ein Schock, wenn du eine Abmahnung in den Händen hältst. Welche Schritte kannst du befolgen, um angemessen darauf zu reagieren und handlungsfähig zu bleiben? Hier ein paar Tipps:

1. Prüfe die Abmahnung: Es gibt keine klaren formalen Richtlinien für Abmahnungen, aber inhaltlich muss eine Abmahnung folgende Aspekte beinhalten:

- konkrete Angabe des abgemahnten Verhaltens inklusive Datum, Ort und Zeit
- das vermeintliche Fehlverhalten in Bezug zum Arbeitsvertrag. Es muss angegeben werden, inwiefern das Verhalten die Pflichten aus dem Arbeitsverhältnis verletzt.
- Aufforderung zur Verhaltensänderung
- Ankündigung von Konsequenzen wie der Kündigung

Sind diese Punkte nicht erfüllt, kannst du Widerspruch wegen inhaltlicher Fehler einlegen. Zudem muss auch der Grund der Abmahnung gerechtfertigt sein. Eine Abmahnung wegen Krankheit beispielsweise ist nicht zulässig. Unentschuldigtes Fehlen hingegen, wenn du zum Beispiel eine Krankschreibung nicht einreichst, darf abgemahnt werden.

2. Reiche eine Gegendarstellung ein: Du bist der Meinung, dass die Abmahnung nicht gerechtfertigt ist? Dann prüfe diese Punkte:

- Wenn es im Unternehmen einen Betriebsrat gibt, wende dich an ihn. Die Betriebsrätinnen werden deinen Fall prüfen und wenn die Abmahnung nicht schlüssig ist, sich für dich einsetzen.
- Du kannst auch gegen die Abmahnung vorgehen, indem du eine Gegendarstellung schreibst. Diese muss Beweise enthalten und am besten auch Zeuginnen und Zeugen benennen, die deine Sicht bestätigen können. Damit deine Gegendarstellung korrekt formuliert ist und nicht ungewollt als Schuldeingeständnis ausgelegt werden kann, schalte einen Anwalt ein.

3. Gehe juristisch gegen die Abmahnung vor: Wenn andere Schritte nicht zum Erfolg geführt haben, hast du die Möglichkeit, juristisch gegen die Abmahnung vorzugehen, um zu erreichen, dass die Abmahnung aus deiner Personalakte entfernt wird. Dies kann insbesondere dann sinnvoll sein, wenn die Abmahnung unberechtigt oder fehlerhaft ist. Dein Arbeitgeber ist vor Gericht in der Beweispflicht. Du kannst die Argumente deines Arbeitgebers entkräften, indem du deine eigenen Beweise für die Fehler oder Ungerechtigkeiten der Abmahnung vorlegst. Ein Anwalt für Arbeitsrecht kann dir dabei helfen, deine Chancen und Beweise besser einzuschätzen und den Prozess entsprechend zu führen.

Letzter Schritt: Kündigung

„Julia hat immer wieder Konflikte mit Kollegen und ihrer Vorgesetzten. Manchmal hat sie das Gefühl, alle hätten sich gegen sie verschworen. Sie wird teilweise nicht ernst genommen und fühlt sich einfach nicht mehr wohl im Team und an ihrem Arbeitsplatz. Da keine andere Maßnahme geholfen hat, entschließt sie sich zu kündigen. Wie geht sie am besten vor?“

Eine Kündigung ist nie einfach. Wenn du dich entschieden hast, deine Kündigung einzureichen, hast du sicher zahlreiche Gründe. Vielleicht wurdest du gemobbt oder bist schon lange und anhaltend unzufrieden. Vielleicht weißt du jetzt besser, welchen Job du dir wünschst, der besser zu dir und deiner Persönlichkeit passt.

Wenn deine Entscheidung gefallen ist, mache dir kein schlechtes Gewissen. Es ist dein gutes Recht, dir einen neuen Arbeitgeber zu suchen. Oft ist es die Sicherheit und das gewohnte Umfeld, weswegen wir uns eine große Veränderung nicht vorstellen können. Wenn es Zeit ist, an deinem Arbeitsplatz einen sauberen Schlussstrich zu ziehen, wende diese Tipps an:

1. Führe ein Kündigungsgespräch: Um deine Chefin oder deinen Chef auf die Kündigung vorzubereiten, führe im Vorfeld ein Kündigungsgespräch. Hier erklärst du die Gründe, die zu deiner Kündigung führen, und gibst die Möglichkeit, etwas darauf zu erwidern. Wie du ein erfolgreiches Gespräch mit einer Führungsperson führst, hast du in der Alltagsstrategie 44 erfahren. Diese Tipps treffen auch für das Kündigungsgespräch zu.

2. Schreibe deine Kündigung: Die Kündigung selbst muss immer schriftlich erfolgen, selbst eine E-Mail ist nicht zulässig. Damit du alle Formalia einhältst, zum Beispiel das Dokument handschriftlich zu unterschreiben, informiere dich im Internet über die formalen Vorgaben von Kündigungsschreiben.

3. Beachte die Kündigungsfristen: Kündigungen von Arbeitsverträgen haben Fristen. Eine fristlose Kündigung, bei der direkt nach der Kündigung das Arbeitsverhältnis endet, wird nur selten angewendet. Wie lange deine Kündigungsfrist ist, erfährst du aus deinem Arbeitsvertrag. Fragen zur Vorbereitung und Ausführung der Kündigung kann dir auch der Betriebsrat beantworten. Betriebsräte haben übrigens eine Schweigepflicht und dürfen deine Themen nicht an die Führung weitergeben.

4. Kündigung übergeben: Um sicherzustellen, dass dein Arbeitgeber die Kündigung auch wirklich erhält, kannst du sie persönlich bei deinem Vorgesetzten oder der entsprechende Stelle, meistens der Personalabteilung, abgeben. Lass dir den Empfang der Kündigung schriftlich bestätigen. Das Datum des Kündigungseingangs spielt beim Einhalten von Kündigungsfristen eine wichtige Rolle. Alternativ schicke die Kündigung per Post. Nutze dafür ein Einschreiben, bei dem du eine Annahmebestätigung erhältst.

5. Fordere ein Arbeitszeugnis an: Du hast das Recht auf ein Arbeitszeugnis. Dieses muss dein Arbeitgeber dir schon mit Beginn der Kündigungsfrist ausstellen, sodass du dich damit bei anderen potenziellen Arbeitgebern bewerben kannst.

6. Prüfe deine Ansprüche beim Arbeitsamt: Wenn du nicht bereits vor der Kündigung einen neuen Arbeitsplatz gefunden hast,

melde dich gleich arbeitslos. Das ist die Voraussetzung dafür, dass du später Arbeitslosengeld beantragen kannst. Wenn du selbst kündigst, verhängt das Arbeitsamt eine Sperrzeit in Höhe von drei Monaten, in denen du kein Arbeitslosengeld erhältst. Diese Sperrung kann aber in manchen Fällen umgangen werden:

- Du hast fristlos gekündigt, weil du nachweislich gemobbt wurdest.
- Du kannst nachweisen (z. B. durch ein ärztliches Attest), dass du mit deinem bisherigen Job überfordert bist.
- Du hattest eine feste Zusage für einen Job, der sich dann aber zerschlagen hat.

Prüfe in jedem Fall die Informationen deines zuständigen Arbeitsamts, um Fristen und Abläufe einzuhalten und deinen Anspruch auf Arbeitslosengeld zu erhalten.

Richtig verhalten bei Burn-out

„Marlene ist erschöpft. Sie kann sich kaum mehr auf ihre Arbeit konzentrieren. Wenn sie nach Hause kommt, ist sie nur noch müde und niedergeschlagen. Sie fühlt sich leer und weiß nicht, wie sie aus diesem Teufelskreis ausbrechen soll. Im Gespräch mit ihrer Freundin fällt das erste Mal das Wort ‚Burn-out'. Marlene will etwas dagegen tun."

Burn-out ist die Bezeichnung für eine Vielzahl von Symptomen, die als Reaktion auf eine chronische Überlastung auftreten. Laut der gängigsten Definition treten drei Merkmale auf:

- emotionale Erschöpfung
- höhere Reizbarkeit, Distanz zu anderen Menschen
- Leistungsabfall

Diese Merkmale äußern sich durch verschiedene Symptome, zum Beispiel durch Schlafstörungen, Konzentrationsstörungen, Schwindel, Engegefühl in der Brust usw.
Wenn du unter dem Burn-out-Syndrom leidest, sendet dir dein Körper oder deine Psyche auf die ein oder andere Weise Signale. Zu häufig neigen wir dazu, diese Signale zu überhören, bis es zu spät ist. Wenn du vermutest, dass du unter Burn-out leidest, empfehle ich dir folgende Schritte:

1. Ohne Schuldgefühle annehmen: Vertraue auf deinen Körper. Höre ihm gut zu und akzeptiere, dass gerade nichts mehr geht. Mach dir dabei keine Schuldgefühle.

2. Ändere deine Situation: Du merkst, dass gar nichts mehr geht? Betrachte deinen Arbeitsalltag und verändere aktiv Umstände, die du verändern kannst. Versuche, möglichst viele Verantwortlichkeiten und Verpflichtungen geordnet abzugeben, um dir Druck zu nehmen.
Beispiel: Obwohl du schon überlastet bist, musst du häufig Überstunden leisten, weil du die Verantwortung für viele Projekte trägst? Thematisiere das im Gespräch mit deinem Vorgesetzten. Bei der Gesprächsvorbereitung hilft dir die Alltagsstrategie 44.

3. Gehe in Kontakt: Wer unter Burn-out leidet, hat die Tendenz, sich zu zurückzuziehen und zu isolieren. Das soll zwar der Entlastung dienen, doch gleichzeitig entsteht das Gefühl, ganz allein mit der Situation zu sein. Doch das ist nicht wahr, du bist nicht allein. Nimm wieder Kontakt zu Freunden, Familie und Bekannten auf, die dir guttun, und sprich über deine Situation.

4. Alles in deinem Tempo: Du hast nur eine begrenzte Menge Energie. Setze diese ganz nach deinen eigenen Bedürfnissen ein. Achte darauf, eine ausgewogene Balance zwischen Arbeit und Freizeit zu finden.

5. Achte auf deinen Körper: Du bist gerade am Limit. Sei gut zu dir, sodass du und dein Körper sich langsam wieder erholen können. Achte auf ausreichend Schlaf. Gönne dir gute, ausgewogene Nahrungsmittel, genug Flüssigkeitszufuhr und mach Pausen. Zusätzlich können passive Entspannungsmethoden wie Sauna, ein warmes Bad nehmen, Massagen und sanfter Sport wie Yoga oder Spaziergänge helfen, deinen Körper und Geist zu entspannen.

6. Professionelle Hilfe: Habe keine Scheu oder Angst davor, zu

Ärzten zu gehen. Burn-out ist längst kein Tabuthema mehr, und es gibt viele Möglichkeiten, dir zu helfen. Wenn du merkst, dass andere Strategien nicht helfen oder du dir unsicher bist, kannst du dich an einen Facharzt wenden. Er kann andere Diagnosen und körperliche Gründe für deinen Zustand ausschließen und dich bei deiner Erholung unterstützen. Dir wird geholfen, und du musst diesen Weg nicht allein gehen.

So verhinderst du Prokrastination

„Jennifer muss ein wichtiges Projekt bis morgen fertigstellen. Sie sitzt seit morgens vor dem PC und versucht, sich auf ihre Aufgabe zu konzentrieren. Doch plötzlich entdeckt sie eine interessante Dokumentation online und beginnt, diese anzuschauen. Dann sieht sie ein paar Links zu anderen spannenden Themen und klickt sich von einem zum nächsten. Sie prokrastiniert. Was kann sie tun, um das zu verhindern?"

Bestimmt erkennst du dich in irgendeiner Art in der obigen Situation wieder, oder? Als hochsensibler Mensch ist dein Kopf immer voller Gedanken. Gedanken, die dafür sorgen, dass du deine eigentliche Arbeit vernachlässigst. Wenn du dich wieder einmal dabei ertappst, dass du Aufgaben vor dir herschiebst, kannst du folgende Strategie anwenden:

1. Erstelle eine To-do-Liste: Notiere auf einem Zettel, welche Aufgaben du heute erledigen musst. Sortiere die Punkte nach ihrer Priorität. Wenn du zum Beispiel fünf Aufgaben hast, dann bekommt die wichtigste Aufgabe die Nummer 1 und die am wenigsten drängende die Nummer 5.

2. Vermeide Störungsquellen: Wenn wir prokrastinieren, sind wir dankbar für jede Abwechslung. Zum Beispiel, wenn dein Kollege von seinem letzten Wochenende erzählen will. Doch du hast

gerade eine wichtige Aufgabe zu erledigen. Mache das deinem Kollegen klar, und verschiebt das Gespräch, bis du mit deinem To-do fertig bist.

3. Wende die 50-Prozent-Regel an: Es liegt in unserer Natur, dass wir unsere Geschwindigkeit überschätzen. Du hast unter Punkt 1 eine Liste mit Aufgaben erstellt und diese nach Prioritäten geordnet. Reduziere die Menge der Aufgaben für heute um die Hälfte. Das erhöht die Wahrscheinlichkeit, dass du dein Ziel erreichst und ein Erfolgserlebnis hast. Die restlichen Aufgaben kannst du auf die nächsten Tage verschieben, um Überlastung zu vermeiden und kontinuierlich produktiv zu bleiben.

4. Nutze Rituale: Menschen lieben Rituale. Bereite dich mit Körper und Geist auf deine Tätigkeit vor, indem du immer das gleiche Ritual zu Beginn machst. Das kann zum Beispiel sein, dass du morgens erst einmal deinen Schreibtisch aufräumst, bevor du dich an die Arbeit machst.

5. Belohne dich: Leider kann es sein, dass niemand es aktiv anerkennen oder loben wird, wenn du deine Aufgaben erledigt hast. Deshalb ist es an dir, dir ab und an eine kleine Belohnung zu gönnen. Du warst auf der Arbeit in einer Woche sehr erfolgreich? Dann gönne dir ruhig eine Kleinigkeit wie ein neues Buch. Alternativ kannst du dir auch kleine Belohnungen für zwischendurch setzen, wenn du eine wichtige Aufgabe erledigt hast. Zum Beispiel eine Kaffeepause mit der Lieblingskollegin, wenn die erste Priorität des Tages geschafft ist. So bleibst du motiviert und hast immer etwas, worauf du dich freuen kannst.

Me, myself und meine Beziehung

Eines sei vorweggenommen: Den perfekten Partner gibt es nicht. Wir alle haben unsere Marotten, mit denen der Partner klarkommen muss. Beziehungen sind etwas Wunderbares, denn sie geben uns Nähe, Sicherheit und Vertrauen. Aber sie sind auch herausfordernd, da man sich sehr nahekommt und sich von allen Seiten kennenlernt. Als Hochsensible sind wir besonders empfindsam für die Stimmungen des Gegenübers. Eine Herausforderung, die wir haben, ist es, auch in einer Beziehung bei uns zu bleiben und nicht nur die Meinung unseres Partners oder unserer Partnerin zu übernehmen. Deine Hochsensibilität kann eine Herausforderung für die Partnerschaft sein, da dein Partner Verständnis für deine Bedürfnisse zeigen muss und du lernen musst, sachlich und weniger emotional zu reagieren.

Doch genau diese Empfindsamkeit kann auch die schönen Seiten einer Beziehung verstärken. Du kannst tiefere Verbindungen spüren, intensivere Nähe erleben und ein größeres Maß an Vertrauen aufbauen. Hochsensible Menschen bringen oft ein hohes Maß an Einfühlungsvermögen und Achtsamkeit in eine Beziehung ein, was die Partnerschaft bereichern kann.

ALLTAGSSTRATEGIE 49

Entspannt im Streit

„Natascha und ihr Freund José planen ihr Wochenende. José möchte am Samstagabend in einen Club gehen. Natascha ist das zu viel, sie möchte nicht bei großer Lautstärke unter Leuten sein, sondern zu Hause entspannen. Sie diskutieren und nach kurzer Zeit eskaliert das Gespräch zu einem handfesten Streit. Natascha wird sehr emotional, sie wird wütend und traurig und wirft José vor, dass er ihre Bedürfnisse nicht respektiert.“

Es ist vollkommen normal, in einer Partnerschaft auch Meinungsverschiedenheiten zu haben. Als hochsensibler Mensch sind für dich Diskussionen und Streit wahrscheinlich sehr intensiv und belastend, oft werden sie auch ganz gemieden. Viele Emotionen kommen hoch. Doch gerade im Streit ist es wichtig, sachlich zu bleiben. Folgende Tipps helfen dir, richtig zu reagieren, wenn ein Streit ausbricht:

1. Verlasse die Situation: Im Eifer des Gefechts kochen Emotionen schnell mal hoch. Um das Thema, um das es eigentlich geht, sachlich zu diskutieren, unterbrich die akute Streitsituation. Einigt euch darauf, die Diskussion (nicht den Streit!) später fortzusetzen, und trennt euch räumlich.
Beispiel: Ihr streitet euch im Wohnzimmer. Unterbrecht das Gespräch, gehe in ein anderes Zimmer, um Abstand zu gewinnen und abzukühlen, oder mache einen Spaziergang.

2. Gut zuhören: Wenn ihr euch beruhigt habt, sprecht sachlich über das Thema. Dabei musst du gar nicht auf jede Aussage deines Gegenübers reagieren – bitte ihn oder sie doch, die Perspektive noch einmal in Ruhe zu erklären, und höre einfach nur zu. Dabei versuchst du, nicht ins Wort zu fallen, sondern wirklich zu hören, was deine Partnerin oder dein Partner sagen möchte. Danach bekommst du das Wort und darfst ungestört deine Sichtweise erklären.

3. Bleibe sachlich: Was im beruflichen Konflikt gilt, trifft auch im privaten zu: In einer Diskussion wollen wir keine Schuld zuweisen, das Gegenüber beleidigen oder ausfallend werden. Bleibe sachlich beim Thema, um das es geht, und sei gegenüber deinem Partner oder Partnerin wertschätzend.

4. Vermeide Pauschalisierungen: „Immer geht es nur nach deinem Kopf!" oder „Nie machst du den Einkauf!" Das ist schnell gesagt. Aber Pauschalisierungen sind Gift für die Kommunikation. Sie drängen das Gegenüber dazu, sich zu rechtfertigen. Nicht selten folgt ein Gegenangriff. Deswegen: Vermeide pauschale Vorwürfe mit „immer" oder „nie".

5. Ich-Botschaften: Um deine Sicht der Dinge auszudrücken, nutze Ich-Botschaften, etwa: „Ich fühle mich unwichtig, wenn du mir nicht zuhörst." Diese Sätze verallgemeinern nicht und sollen nur deine eigene Meinung und Gefühle ausdrücken. Weitere Beispiele: „Ich wünsche mir, dass du auch mal den Einkauf erledigst", „Ich fühle mich übergangen, wenn du Pläne machst, ohne mich zu fragen."

ALLTAGSSTRATEGIE 50

Nie wieder eifersüchtig

„Daniel ist hochsensibel. Seine Freundin hat eine Einladung zu einer Firmenfeier bekommen, auf der viele ihrer Kollegen sein werden, darunter auch ein attraktiver Arbeitskollege, von dem sie oft erzählt. Während sie sich für den Abend zurechtmacht, merkt Daniel, dass er sich zunehmend unwohl fühlt. Er möchte nicht, dass sie ohne ihn ausgeht. Eifersucht nagt an ihm. Dabei weiß er genau, dass er keinen Grund dazu hat."

Eifersucht taucht meistens ganz plötzlich auf. Häufig gibt es keine Situation, die sie auslöst, sondern die Vorstellung von etwas, was geschehen könnte. Als hochsensible Person nimmst du Gefühle sehr intensiv wahr, so auch Eifersucht. So reagierst du, wenn du Eifersucht spürst:

1. Sei ehrlich zu dir: Akzeptiere, dass du zu Eifersucht neigst, und bewerte es nicht. Mach dir bewusst, dass vermutlich jeder in seinem Leben schon einmal eifersüchtig war. Wahrscheinlich auch dein Partner oder Partnerin.

2. Finde den Auslöser: Der Grund für Eifersucht liegt häufig nicht beim Gegenüber, sondern in der eigenen Unsicherheit oder in Verlustängsten. Wer bereits schlechte Erfahrungen innerhalb einer Beziehung gemacht hat, neigt vielleicht auch eher zu Eifersucht. Was sind deine Gründe? Versuche herauszufinden, welche Auslöser deiner Eifersucht zugrunde liegen, und schreibe sie auf.

3. Rede darüber: Wenn du erkannt hast, warum du eifersüchtig bist, dann sprich mit deinem Partner oder deiner Partnerin darüber. Erkläre, warum du in manchen Situationen eifersüchtig reagierst. Verwende auch hier Ich-Aussagen wie: „Ich fühle mich eifersüchtig, weil ..."

4. Stärke deinen Selbstwert: Eifersucht entsteht oft aus Unsicherheit, weil das Selbstwertgefühl zu gering ist. So kannst du daran arbeiten, deinen Selbstwert zu stärken:

- Notiere dir deine Stärken und entwickle Dankbarkeit für diese Eigenschaften. Auch viele Aspekte der Hochsensibilität sind Stärken, wie eine hohe Empathie, Begeisterungsfähigkeit und viele Interessen, für die du dankbar sein kannst.
- Sei dir selbst gegenüber mitfühlend. Behandle dich so, wie du auch einen guten Freund oder eine gute Freundin behandeln würdest.
- Nutze positive Affirmationen. Finde positiv formulierte Sätze, die zu dir passen, deine guten Seiten betonen und stärken und die du dir täglich vorsagst oder -liest. Beispielsweise: „Ich bin liebenswert und vertraue meiner Partnerin." Im Internet findest du viele weitere Beispiele zur Inspiration.
- Hast du nur noch negative oder schwierige Aspekte deiner Beziehung im Kopf? Sicher gibt es genauso viele gute und wertvolle Aspekte. Mache eine Liste von mindestens fünf positiven Dingen in eurer Beziehung und führe dir diese immer wieder vor Augen.

Trennung, aber richtig

„Jessica und ihr Partner Max streiten sich eigentlich nur noch. Jessica kommt an den Punkt, an dem sie registriert, dass diese Beziehung keine Chance mehr hat. Sie will sich von ihrem Freund trennen. Ihre größte Angst ist es, ihn damit zu verletzen."

Als hochsensible Person fühlst du stark mit deinem Partner mit. Deinen Partner oder deiner Partnerin mit einer Trennung weh zu tun, fällt dir wahrscheinlich ganz besonders schwer. Vor allem, wenn dein Gegenüber die Beziehung anders einschätzt und nicht bereit ist für eine Trennung. Doch du hast dir die Situation lange genug angesehen und die Entscheidung nicht leicht gemacht. Wenn deine Entscheidung also gefallen ist, dann ist es das Fairste, auch so zu handeln, auch wenn eine Trennung oft schmerzvoll ist. Würdest du umgekehrt gern mit jemandem zusammen sein, der sich von dir trennen möchte? Nein. Also sei deinem Partner oder deiner Partnerin gegenüber ehrlich und sprich die Trennung aus, auch wenn es dir schwerfällt. Ein paar Tipps können dir helfen, es etwas leichter zu machen.

1. Akzeptiere, dass es unangenehm wird: Eine Trennung ist nichts Schönes. Doch sie ist – so hast du dich jetzt entschieden – die beste Lösung für eure Situation. Also stelle dich dem Gespräch.

2. Wähle den passenden Ort: Hier ist ein bisschen Fingerspitzengefühl gefragt. Du kennst deinen Partner sehr gut und kannst einschätzen, wie er oder sie sich nach der schlechten Nachricht

verhalten wird. Private Räume sind sinnvoll, um ungestört sprechen und Trauer freien Lauf lassen zu können. Wenn du eine wütende, vielleicht sogar aggressive Reaktion fürchtest, wähle einen öffentlichen Ort, wie einen Park oder ein Café. Hier sorgen andere Menschen für ein bisschen soziale Kontrolle, sodass sich dein Gegenüber nicht gehen lässt, oder können im Notfall sogar helfend eingreifen.

3. Sei ehrlich: Jeder hat es verdient, bei einer Trennung ehrlich die Gründe zu erfahren. Erkläre deine Trennungsgründe sachlich und ohne Schuldzuweisung.

4. Weiteren Umgang besprechen: „Wir können ja Freunde bleiben“ – dieser Satz fällt angeblich oft bei Trennungen. Doch ist es überhaupt das Richtige für dich? Dein Ex-Partner und du könnt besprechen, wie ihr in Zukunft miteinander umgehen wollt. Manche Menschen wünschen sich auch einen Kontaktabbruch – wenn dein Gegenüber das fordert, dann respektiere den Wunsch und gib ihm oder ihr Freiraum.

ALLTAGSSTRATEGIE 52

So gehst du mit einer Trennung um

„Bisher ging Thomas davon aus, dass es in seiner Beziehung zu Mona gut läuft. Aber gestern Abend hat sie die Beziehung beendet – in einer Textnachricht. Thomas ist verletzt und enttäuscht, dass sie nicht einmal den Mut hatte, mit ihm persönlich zu sprechen."

Eine Trennung tut weh – ganz besonders, wenn die Trennung unerwartet kommt. Bei hochsensiblen Menschen löst eine Trennung häufig einen ganzen Strudel an Gefühlen aus. Doch es gibt eine Strategie, die du anwenden kannst, damit du weißt, wie du dich nach einer Trennung am besten verhältst:

1. Keinen Kontakt: Es wird dir vermutlich schwerfallen. Du wirst mit Sicherheit nicht nur einmal darüber nachdenken, ob du deinen Ex-Partner jetzt anrufen oder ihm eine Nachricht schicken solltest. Verordne dir ein Kontaktverbot. Das gilt übrigens auch für soziale Medien – streiche ihn aus deiner Freundesliste. Kein Kontakt hilft dir, emotional Abstand zu gewinnen und dich auf deine eigene Heilung zu konzentrieren. Natürlich gibt es Ausnahmen, wenn ihr vereinbart habt, miteinander zu sprechen. In solchen Fällen halte dich an die Absprachen, aber vermeide unnötigen Kontakt. Übrigens, du kannst dich dafür belohnen, wenn du es schaffst, deinen Ex-Partner nicht mehr zu kontaktieren. Belohne dich für jeden Tag oder für eine Woche, so wie du magst.

2. Nicht sofort in die nächste Beziehung: Gib dir die Zeit, die vergangene Beziehung zu verarbeiten, bevor du eine neue eingehst. Eine neue Beziehung ist wahrscheinlich nur ein gutes Mittel, um vom Trennungsschmerz abzulenken. Das ist deinem neuen Partner gegenüber nicht fair.

3. Identifiziere irrationale Gedanken: „Ohne sie werde ich nie wieder glücklich!", „Ohne ihn macht alles keinen Sinn mehr". Erkennst du dich in diesen Aussagen wieder? Wir neigen dazu, mit absoluten Gedanken auf eine Trennung zu reagieren. Versuche, etwas Abstand zu gewinnen und diese negativen Denkmuster durch positive zu ersetzen.
Ersetze zum Beispiel den Glaubenssatz „Ohne ihn bin ich nichts wert" durch: „Ich habe viele positive Eigenschaften, egal, ob ich eine Beziehung führe oder nicht."

4. Nimm dir Zeit: Erlaube dir die Zeit, um deine Beziehung zu trauern. Du brauchst kein schlechtes Gewissen haben, wenn du dich für eine Zeit ausklinkst und etwas zurückziehst. Achte auf dein Wohlbefinden, sei freundlich zu dir selbst, und suche die Gesellschaft von lieben Menschen, die dir guttun.

So gehst du mit Ärger um

„Rita und ihr Partner Jakob haben ein paar Freunde zum Abendessen eingeladen. Der Abend ist wirklich schön, bis Jakob im Gespräch flapsig bemerkt, dass Rita ja sehr nah am Wasser gebaut sei. Er sagt das, um seine Freunde zu unterhalten, doch Rita findet, dass das zu privat ist und niemanden etwas angeht. Sie ärgert sich über Jakob."

Ein falsches Wort ist gefallen, und du merkst, wie der Ärger in dir hochkocht? Diese Tipps helfen dir, dich wieder etwas zu entspannen:

1. Kläre das Thema: Frage dich zuerst, ob es ein Thema ist, das geklärt werden muss. Wenn du das Gefühl hast, dass das Verhalten deines Partners unangemessen war und dich stört, sprich es an. Es ist dein gutes Recht, deinen Ärger zu äußern und in ein sachliches Gespräch zu gehen. Erkläre deinem Partner ruhig, warum dich die Bemerkung verletzt hat und wie du dich dabei gefühlt hast.

2. Reflektiere deine Gefühle: Wenn du entscheidest, dass das Thema nicht dringend angesprochen werden muss, beschäftige dich damit, warum es dich trotzdem ärgert. Welche Gefühle und Gedanken hat die Situation in dir ausgelöst? Oft hilft es, sich der eigenen Reaktionen bewusst zu werden, um besser mit ihnen umgehen zu können.

3. Blick von außen: Versuche, die Situation wie ein unbeteiligter Freund zu betrachten. Was ist genau vorgefallen, ist etwas Schlimmes passiert oder liegt vielleicht ein Missverständnis vor? Wenn dir diese Perspektive schwerfällt, kannst du auch eine gute Freundin oder einen guten Freund nach deren Meinung befragen.

4. Ärger abreagieren: Ärger soll sich nicht in dir aufstauen. Um Ärger loszuwerden, kannst du dich mit Bewegung abreagieren. Wenn du zum Beispiel gern joggen gehst, dann schnüre deine Sportschuhe und geh laufen. Danach bist du mit Sicherheit wieder gelassener.

ALLTAGSSTRATEGIE 54

So findest du einen Kompromiss

„Nele und Lukas überlegen, was sie heute Abend unternehmen wollen. Nele merkt, dass sie überreizt ist, und möchte den Abend gern zu Hause verbringen. Ihr Freund hingegen möchte unbedingt ein neues Restaurant in der Stadt ausprobieren."

Wenn zwei Personen (oder Gruppen von Personen) nicht der gleichen Meinung sind, spielen Kompromisse eine große Rolle. Ein Kompromiss ist der goldene Mittelweg zwischen zwei Haltungen im Konflikt. Beide Parteien bewegen sich aufeinander zu, verzichten auf einen Teil ihrer Forderungen und erreichen ein neues, gemeinsames Ziel. Wichtig ist, dass keiner von beiden dabei seine Werte aufgeben muss, sondern eine gegenseitige, freiwillige Übereinkunft erzielt wird. „Kompromisse machen" bedeutet also nicht, dass eine Partei immer Zugeständnisse machen muss oder der eigene Wille durchgesetzt wird. So erreicht ihr bei einem Konflikt einen Kompromiss:

1. Offene Kommunikation: Wenn du einen Kompromiss mit deinem Partner finden möchtest, ist es wichtig, dass du offen und sachlich darüber kommunizierst. Nutze dabei Ich-Botschaften. Im Beispiel von Nele in unserem Praxisfall: „Ich fühle mich heute etwas überreizt und erschöpft. Ich würde heute wirklich gern lieber zu Hause bleiben."

2. Gut zuhören: Höre gut zu, wenn dein Partner dir erklärt, was seine Haltung oder Wunsch ist. Stelle Rückfragen, wenn du etwas nicht verstehst.

3. Eine gemeinsame Lösung suchen: Wenn ihr sachlich eure beiden Haltungen herausgefunden habt, ist es an der Zeit, eine gemeinsame Lösung zu finden. Im obigen Beispiel findet Nele zum Beispiel heraus, dass Lukas schon viel Gutes von dem neuen Restaurant gehört hat und es gern ausprobieren möchte. Nele kann das anerkennen und mit Lukas einen anderen Tag vereinbaren, um essen zu gehen – zum Beispiel am Wochenende, wenn Nele sich schon etwas erholt hat. Lukas kann Neles Bedürfnis nach Ruhe anerkennen und zustimmen, heute zu Hause bleiben, Essen zu bestellen und einen Film zu schauen.

ALLTAGSSTRATEGIE 55

Du fühlst dich ausgenutzt?

„Barbara hat eine neue Beziehung. Sie tut alles für ihren Partner. Als sie nach einigen Monaten darüber nachdenkt, fällt ihr auf, dass sie in ihrer Beziehung mehr gibt als empfängt. Sie fragt sich, ob ihr Partner sie ausnutzt."

Häufig beginnt es mit einer Ahnung oder einem Bauchgefühl, das uns sagt, dass wir in unserer Beziehung nicht das zurückbekommen, was wir geben. Folgende Warnsignale deuten darauf hin, dass wir tatsächlich ausgenutzt werden:

- Das Befinden deines Partners /deiner Partnerin ist dir wichtiger als dein eigenes. Dein Einsatz wird jedoch nicht wertgeschätzt und du erhältst nicht ausreichend Anerkennung oder Dank für deine Unterstützung.
- Du fühlst dich zunehmend ausgelaugt, weil du viel Energie investieren musst, damit dein Partner sich wohlfühlt. Du selbst ziehst gleichzeitig keine positive Energie (mehr) aus der Beziehung.
- Du bist immer für deinen Partner da. Wenn du jedoch Hilfe brauchst, wirst du vertröstet.

Wenn du in deiner Beziehung ausgenutzt wirst, befolge diese Tipps:

1. Traue deinem Bauchgefühl: Du hast ein Bauchgefühl, das etwas nicht stimmt – vertraue darauf.

2. Sei realistisch: Durch deine Hochsensibilität siehst du gern das Gute in Menschen. Das ist eine tolle Eigenschaft. Doch du läufst auch schneller Gefahr, ausgenutzt zu werden. Betrachte deine Beziehung realistisch und stelle dich auch den schwierigen Seiten deines Partners.

3. Sprecht darüber: Es muss keine böse Absicht dahinterstecken, wenn du das Gefühl hast, von deinem Partner oder Partnerin ausgenutzt zu werden. Vielleicht ist ihm oder ihr das gar nicht bewusst. Beginne sachlich ein Gespräch dazu und erkläre deine Sichtweise mit Ich-Botschaften.

4. Lass los: Wenn dein Partner auch nach einem Gespräch sein Verhalten nicht ändert, kannst du ihm noch eine zweite Chance geben. Aber wenn du immer mehr gibst als empfängst, ist die Beziehung nicht mehr gesund, sondern toxisch. Prüfe, ob es an der Zeit ist, die Beziehung zu beenden. Tipps dafür findest du in der Alltagsstrategie 51.

ALLTAGSSTRATEGIE 56

Was du gegen Misstrauen in der Beziehung tun kannst

„Kathi hat in ihrer letzten Beziehung schlechte Erfahrungen gemacht: Ihr Partner war ihr untreu. Jetzt ist sie seit sechs Monaten in einer neuen Beziehung mit Nico und glücklich. Wenn da nicht die Tatsache wäre, dass er neuerdings sein Handy immer schnell weglegt, sobald sie durch die Tür kommt. Nico hat doch etwas zu verheimlichen, oder?"

Misstrauen belastet eine Beziehung, da es das Vertrauen untergräbt und Unsicherheit schafft. Hochsensible Menschen haben zudem oft die Eigenschaft, an sich selbst zu zweifeln. Zweifel wie „Bin ich gut genug für meinen Partner?" können zu Misstrauen führen. Um sie zu überwinden, ist eine offene und ehrliche Kommunikation wichtig.

Folgende Tipps kannst du anwenden, wenn du Misstrauen in deiner Beziehung empfindest:

1. Wahrheitsgehalt prüfen: Ist dein Zweifel oder Misstrauen angebracht, oder gibt es keinen Grund dafür? Sprich das Thema an. In unserem Praxisfall kann Kathi ihren Partner direkt fragen, warum er sein Handy häufig weglegt, wenn sie den Raum betritt. Vielleicht gibt es eine ganz banale Ursache?

2. Aktives Zuhören: In einem Konflikt gibt es immer zwei Sichtweisen. Höre deinem Partner oder deiner Partnerin gut zu und

versuche, die andere Perspektive zu verstehen. Fasse danach mit deinen eigenen Worten zusammen, was du gehört hast. So stellst du sicher, dass du dein Gegenüber richtig verstanden hast.

3. Vertrauen aufbauen: Vertrauen ist eine Sache, die sich in Laufe einer Beziehung verstärkt. Dazu gehört, dass beide Seiten dem anderen gegenüber loyal sind und ihre Versprechen halten. Dein Partner hat in der Vergangenheit dein Vertrauen missbraucht und sich dafür entschuldigt? Dann arbeite daran zu verzeihen. Wenn das ohne Hilfe nicht gelingt, könnt ihr euch in einer Paartherapie dabei unterstützen lassen.

4. Offene Kommunikation: Es ist keine gute Idee, sein Misstrauen zu verdrängen. Zu einer guten Beziehung gehört, offen über Probleme zu sprechen. Gestehe dir dein Misstrauen ein und erkläre deinem Partner offen deine Gefühle. Nutze dabei Ich-Botschaften, zum Beispiel: „Ich fühle mich unsicher, weil du in der letzten Zeit dein Handy immer so schnell zur Seite legst, wenn ich den Raum betrete."

ALLTAGSSTRATEGIE 57

So äußerst du deine Bedürfnisse

„Sebastian ist glücklich mit seiner neuen Freundin und erfüllt ihr gern jeden Wunsch. Meistens entscheidet sie, welche Dinge sie gemeinsam unternehmen, das hat sich in ihrer Beziehung so eingespielt. Nun möchte Sebastian auch Vorschläge für die gemeinsame Zeit machen, doch er hat Angst, etwas vorzuschlagen, das ihr nicht gefällt. Wie kann Sebastian seine eigenen Bedürfnisse äußern?"

Hochsensible Menschen sind meist so empathisch mit ihrem Partner, so dass sie eigene Bedürfnisse hintanstellen. Das kann aber auf Dauer nicht funktionieren. Zum einen bleiben eigene Wünsche auf der Strecke, zum anderen erfährt der Partner oder die Partnerin gar nicht, was für Bedürfnisse du eigentlich hast. Daher ist es für eine gesunde und stabile Beziehung wichtig, seine Bedürfnisse authentisch ausdrücken zu können.
Viele scheuen sich, um etwas zu bitten oder nach etwas zu fragen, um nicht fordernd zu erscheinen. Aber mit der richtigen Kommunikation lernst du, deine Bedürfnisse mitzuteilen und eine Bitte richtig zu formulieren. Du wirst erstaunt sein, wie positiv dein Partner auf deine Bedürfnisse eingeht, wenn du die richtigen Worte findest:

1. Formuliere dein Anliegen so, dass dein Partner oder deine Partnerin wirklich die Wahl hat, Ja oder Nein zu sagen. Wenn die Antwort Nein ist, kannst du natürlich nach den Gründen fragen, aber akzeptiere das Nein.

2. Formuliere deine Bitte ganz konkret und so, dass sie von deinem Partner erfüllt werden kann.

3. Formuliere deine Bitte positiv, etwa „Könntest du bitte den Müll rausbringen?“ statt „Sei nicht so schlampig und räum deinen Müll auf“.

4. Verbinde deine Bitte mit einem Gefühl oder einem Bedürfnis, das du als Ich-Botschaft formulierst.
Beispiel: „Mir ist sehr wichtig, dass das Wohnzimmer nicht so chaotisch aussieht, weil ich schnell durch die Unordnung überreizt bin. Könntest du bitte deine Sachen aufräumen?

5. Wertungsfrei: Wenn du eine Bitte formulierst, dann setze keine Bewertungen ein. Wenn du etwa sagst: „Bitte sei ehrlich!“, kann dein Partner auch herauslesen, dass du ihm eine Lüge unterstellst. Eine bessere Formulierung ist: „Es interessiert mich, wie du über das Thema denkst. Magst du mir bitte deine Meinung dazu sagen?“

ALLTAGSSTRATEGIE 58

Sorgen loslassen

„Mareike und ihr Freund Simon sind vor Kurzem zusammengezogen. Heute muss Simon eine lange Autofahrt machen, um einen Geschäftstermin wahrzunehmen. Mareike sorgt sich den ganzen Tag, ob er sicher ankommt. Sie kann an nichts anderes denken und malt sich die schlimmsten Szenarien aus, wie einen Verkehrsunfall oder eine Autopanne.“

Wenn unser Partner oder nahestehende Menschen in eine Notsituation kommen, ist es vollkommen normal, sich Sorgen zu machen. Das zeugt davon, dass man empathisch ist. Hochsensible Menschen empfinden diese Sorge, wie andere Emotionen, besonders intensiv. Wie du dich verhalten kannst, wenn du dir wieder einmal zu viele Sorgen um deinen Partner machst, erfährst du in folgender Strategie:

1. Bewusstes Atmen: Wenn du merkst, dass du dich in deine Sorgen hineinsteigerst, dein Körper angespannt ist und du dich gestresst fühlst, versuche als Erste-Hilfe-Maßnahme, wieder bewusst zu einem ruhigen Atem zu kommen. Atme tief ein und dann für drei Sekunden durch den offenen Mund aus. Fokussiere dich komplett auf deine Atmung. Wiederhole diese Übung, bis du merkst, dass du dich wieder etwas beruhigt hast.

2. Zerstreue deine Sorgen: Dein Partner reagiert nicht auf eine Textnachricht? Dann versuche, ihn telefonisch zu erreichen. Probiere es aber nicht mehrmals nacheinander – wenn er nicht

rangeht, kannst du z. B. nach einer Stunde noch einmal anrufen. Im Normalfall wird sich dein Partner in Zwischenzeit zurückmelden.

3. Positives Denken: Du steigerst dich in negative Gedanken und denkst z. B., dass dein Partner nichts mehr mit dir zu tun haben möchte, weil er sich nicht zurückmeldet? Ersetze dieses Worst-Case-Szenario durch realistische Szenarien. In unserem Praxisfall könnte Mareike statt „Er will sich nicht melden!" denken: „Er kann sich wahrscheinlich gerade nicht melden, weil er im Auto sitzt und fährt." So kannst du negative Gedankenspiralen vermeiden und eine positivere Einstellung entwickeln.

4. Lenke dich ab: Wenn du rational weißt, dass du dir unnötig Sorgen machst und keine Gefahr für dich oder deinen Partner herrscht, dann brauchst du eigentlich nur etwas Geduld, bis die Situation vorbei ist. Lenke dich ganz aktiv ab. Du könntest dir zum Beispiel einen Film anschauen, den du magst und der dich zum Lachen bringt. Durch das Lachen werden Glückshormone ausgeschüttet, die deinem Körper dabei helfen, sich zu entspannen.

Kommunikationsfehler vermeiden

„Klaus und seine Frau Sabine planen einen gemeinsamen Urlaub. Während der Planung wirft Sabine Klaus vor, dass er immer alles bis zur letzten Minute aufschiebt. Klaus fühlt sich dadurch unter Druck gesetzt und unverstanden. Er wird still und zieht sich in sein Arbeitszimmer zurück, um allein zu sein."

Kommunikation ist das A und O jeder Beziehung. Viele Paare tappen immer wieder in Kommunikationsfallen, die zu schwierigen Konflikten führen. Typische Fallen sind zum Beispiel, sich gegenseitig nicht zuzuhören, pauschale Aussagen vorzuwerfen („immer, nie") und im Ton aufbrausend oder aggressiv zu werden. Eine gesunde Beziehung basiert auf gelungener Kommunikation. Mit folgenden Tipps kannst du die häufigsten Kommunikationsfallen vermeiden und dadurch zu einer gesunden Beziehung beitragen:

1. Höre gut zu: Sei in einem Gespräch mit deiner Partnerin auch geistig präsent. Übe das aktive Zuhören. Das beinhaltet Folgendes:

- Blickkontakt zum Partner
- Verstehen signalisieren, ohne zu unterbrechen, z. B. Nicken mit dem Kopf
- Nachfragen, wenn etwas nicht klar ist

2. Übe dich in offener Kommunikation: Leider neigen wir häufig dazu, negative Emotionen wie Wut oder Frust an unserem Partner auszulassen. Kein Wunder, dass sich unser Gegenüber dann verletzt fühlt oder sogar einen Gegenangriff startet. Als Folge kann sich die Situation so zuspitzen, dass kein sachliches Gespräch mehr möglich ist. Daher gilt: Sei dir deines Umgangstons bewusst. Wenn du zum Beispiel im Gespräch einen kritischen Punkt vorbringen möchtest, tue das sachlich und ohne beispielsweise aggressiven, ungeduldigen oder sarkastischen Unterton. Auch Anschuldigungen haben hier nichts verloren. Um Änderungen vorzuschlagen, formuliere Ich-Botschaften.
Beispiel: Ich würde mich freuen, wenn du unter der Woche auch regelmäßig das Kochen übernimmst.

3. Sei ehrlich: Eine Beziehung lebt von Ehrlichkeit. Dazu gehört auch, dass man seine Wünsche und Bedürfnisse nicht verschweigt. Wie du Wünsche gut formulieren kannst, kannst du in Alltagsstrategie 57 nachlesen.

So gehst du mit Verlustangst um

„Tobias ist vollkommen fertig. Seine Freundin hat ihm gerade erklärt, dass die Beziehung auf der Kippe steht, weil er klammert. Sie fühle sich eingeengt und brauche ihren Freiraum. Seine größte Angst steht kurz davor, wahr zu werden: die Angst, verlassen zu werden.“

Verlustangst ist die Angst davor, den Partner zu verlieren. Meist gehen Unsicherheit, Eifersucht und Sorge mit einher. Wenn du merkst, dass die Angst, deinen Partner zu verlieren, dich stark beeinträchtigt, dann wende folgende Strategie an:

1. Auslöser finden: Versuche als Erstes, den Auslöser für deine Verlustangst zu identifizieren. Die Ursachen können zum Beispiel sein:

- Du hast schlechte Erfahrungen gemacht und hast Angst, dass sich dies wiederholt.
- Du hast ein geringes Selbstwertgefühl, sodass du dich unsicher fühlst und daran zweifelst, dass dein Partner dich so lieben kann, wie du bist.
- Du hast in deiner Kindheit eine unsichere Bindung erlebt und projizierst das auf deinen Partner.
- Nimm dir die Zeit, über deine persönlichen Auslöser nachzudenken.

2. Denkmuster ändern: Wandle negative Gedanken in positive um. Notiere dir fünf aktuelle Beispiele von Situationen, in denen du dir sicher warst, dass dein Partner dich und die Beziehung

wertschätzt. Wenn du wieder Angst vor dem Verlassenwerden hast, halte dir vor Augen, dass es ganz konkrete Situationen gibt, die das widerlegen. So kannst du dir bewusst machen, dass deine Verlustängste oft unbegründet sind.

3. Selbstfürsorge: Wenn du dich wohlfühlst, stärkst du deine Resilienz gegenüber Verlustängsten. Achte darauf, dass du dich gut um dich selbst kümmerst, du ausreichend schläfst, dich bewegst, deine sozialen Kontakte aufrechterhältst und Entspannungstechniken anwendest. Je mehr du in dir ruhst, desto weniger hast du Angst, verlassen zu werden.

Schlusswort

In diesem Buch hast du viele Strategien kennengelernt, die dir helfen, den Alltag leichter zu nehmen und deine Hochsensibilität als besondere Gabe zu schätzen und zu nutzen.

Es liegt auf der Hand, dass es keine universelle Strategie gibt, die für alle hochsensiblen Personen gleichermaßen funktioniert. Wir alle sind Individuen mit unterschiedlichen Stärken und Schwächen, eigenen Bedürfnissen und Grenzen. Nimm dir Zeit, um die verschiedenen Alltagsstrategien aus diesem Buch auszuprobieren, sie anzupassen und zu erfahren, welche am besten für dich geeignet sind. Das erfordert Geduld und manchmal auch die Bereitschaft, einen Schritt aus der eigenen Komfortzone zu machen.

Ich möchte dich noch einmal ermutigen dranzubleiben. Der Aufwand lohnt sich! Indem du deine Hochsensibilität besser kennenlernst und sie als Teil deiner Identität zu schätzen weißt, öffnest du dir den Weg zu einem erfüllteren und harmonischeren Leben. Dieses Buch begleitet dich auf dem Weg, nicht nur Schwierigkeiten zu meistern, sondern auch deine Talente und Fähigkeiten voll zu entfalten.

Nun sind wir fast am Ende angekommen. Bevor du das Buch zur Seite legst, möchte ich dir noch mit auf den Weg geben: Sei stolz auf das, was dich besonders macht. Erlaube dir, in deinem eigenen Tempo zu wachsen und deinen eigenen Weg zu gehen. Das Leben als hochsensibler Mensch kann herausfordernd sein, aber es ist auch voller einzigartiger Momente und intensiver Erfahrungen, die andere vielleicht nie so empfinden können.

Denke daran, dass Hochsensibilität keine Schwäche ist, sondern eine besondere Fähigkeit, die dir tiefe Einblicke und wertvolle Empfindungen ermöglicht. Es liegt an dir, diese Gabe zu nutzen und sie zu einem wichtigen Bestandteil deines Lebens zu machen. Die Welt braucht Menschen wie dich – Menschen, die mit ihrem feinen Gespür für Details und ihrer tiefen Empathie einen Unterschied machen können.

Und vergiss niemals:
Du bist wertvoll, genau so, wie du bist.

Urheberrecht

Haftungsausschluss

Dieses Buch behandelt das Thema der Bewältigung von Hochsensibilität und bietet praxisnahe Strategien zur Verbesserung des Alltagslebens. Diese Informationen und Ratschläge sind allgemeiner Natur und nicht als Ersatz für professionelle medizinische oder therapeutische Beratung gedacht. Jeder Leser trägt die alleinige Verantwortung für die Interpretation und Nutzung der bereitgestellten Informationen.

Die Anwendung der Methoden und Konzepte, die in diesem Buch vorgestellt werden, erfolgt auf eigenes Risiko. Der Autor übernimmt keine Haftung für eventuelle negative Konsequenzen. Jegliche Ansprüche auf Schadensersatz, sei es materieller oder ideeller Natur, die sich aus der Nutzung oder Nichtnutzung der dargebotenen Informationen oder aus der Anwendung fehlerhafter oder unvollständiger Informationen ergeben, sind grundsätzlich ausgeschlossen.

Obwohl das Buch mit größter Sorgfalt und nach bestem Wissen und Gewissen des Autors erstellt wurde, übernimmt der Autor keine Gewähr für die Aktualität, Vollständigkeit und Richtigkeit der dargebotenen Informationen. Der Autor schließt daher jede Haftung für eventuelle Fehler oder fehlerhafte Informationen aus.

Quellen:

- Aron, E. N., & Aron, A. (1997). Sensory-processing sensitivity and its relation to introversion and emotionality. Journal of Personality and Social Psychology, 73(2), 345-368.

- HSP-Test-E-Aron.pdf (innerwealth.at)

- Aron, E. (1996). The Highly Sensitive Person: How to Thrive When the World Overwhelms You. Broadway Books

- Aron, E. (2002). The Highly Sensitive Child: Helping Our Children Thrive When the World Overwhelms Them. Broadway Books.

- https://zeitzuleben.de/5-tipps-zum-nein-sagen/

- https://www.psychotipps.com/selbsthilfe/anspannung.html

- Maslach, C., & Jackson, S. E. (1981). The measurement of experienced burnout. Journal of Occupational Behaviour, 2(2), 99-113

- https://studi-dilemma.de/alltag-strukturieren/

Impressum

Deutschsprachige Erstausgabe Juli 2024

Rast Verlag
Raoul Steenken
An der Untermühle 24
27721 Ritterhude
Deutschland

Für Fragen und Anregungen:
kontakt@rast-verlag.de

Covergestaltung und Satz: Wolkenart - Marie-Katharina Becker,
www.wolkenart.com
Lektorat: Martina Schramm
Korrektorat: Hanna Wild

1. Auflage

ISBN Print: 978-3-911412-00-1
ISBN E-Book: 978-3-911412-01-8

Printed in Poland
by Amazon Fulfillment
Poland Sp. z o.o., Wrocław

39481704R00103